©

MUSÉE LITTÉRAIRE DU SIÈCLE, A 20 CENTIMES LA LIVRAISON

ALEXANDRE DUMAS

ACTÉ

Prix : 70 centimes

Aucune autre édition de *Acté*, publiée dans ce format, ne pourra être livrée au public à moins de 4 francs.

PRIX DE CETTE ÉDITION : 70 CENTIMES.

PARIS
MICHEL LÉVY FRÈRES, LIBRAIRES-ÉDITEURS
RUE VIVIENNE, 2 BIS
BUREAUX DU JOURNAL LE SIÈCLE, RUE DU CROISSANT, 16
1854

ACTÉ

PAR

ALEXANDRE DUMAS

I.

Le 7 du mois de mai, que les Grecs appellent thargélion, l'an 57 du Christ et 810 de la fondation de Rome, une jeune fille de quinze à seize ans, grande, belle et rapide comme la Diane chasseresse, sortait de Corinthe par la porte occidentale, et descendait vers la plage : arrivée à une petite prairie, bordée d'un côté par un bois d'oliviers, et de l'autre par un ruisseau ombragé d'orangers et de lauriers-roses, elle s'arrêta et se mit à chercher des fleurs. Un instant elle balança entre les violettes et les glaïeuls que lui offrait l'ombrage des arbres de Minerve, et les narcisses et les nymphæas qui s'élevaient sur les bords du petit fleuve ou flottaient à sa surface ; mais bientôt elle se décida pour ceux-ci, et, bondissant comme un jeune faon, elle courut vers le ruisseau.

Arrivée sur ses rives, elle s'arrêta ; la rapidité de sa course avait dénoué ses longs cheveux ; elle se mit à genoux au bord de l'eau, se regarda dans le courant, et sourit en se voyant si belle. C'était en effet une des plus ravissantes vierges de l'Achaïe, aux yeux noirs et voluptueux, au nez ionien et aux lèvres de corail ; son corps, qui avait à la fois la fermeté du marbre et la souplesse du roseau, semblait une statue de Phidias animée par Prométhée ; ses pieds seuls, visiblement trop petits pour porter le poids de sa taille, paraissaient disproportionnés avec elle, et eussent été un défaut, si l'on pouvait songer à reprocher à une jeune fille une semblable imperfection : si bien que la nymphe Pyrène, qui lui prêtait le miroir de ses larmes, toute femme qu'elle était, ne put se refuser à reproduire son image dans toute sa grâce et dans toute sa pureté. Après un instant de contemplation muette, la jeune fille sépara ses cheveux en trois parties, fit deux nattes de ceux qui descendaient le long des tempes, les réunit sur le sommet de la tête, les fixa par une couronne de laurier-rose et de fleurs d'oranger qu'elle tressa à l'instant même ; et laissant flotter ceux qui retombaient par derrière, comme la crinière du casque de Pallas, elle se pencha sur l'eau pour étancher la soif qui l'avait attirée vers cette partie de la prairie, mais qui, toute pressante qu'elle était, avait cependant cédé à un besoin plus pressant encore, celui de s'assurer qu'elle était toujours la plus belle des filles de Corinthe. Alors la réalité et l'image se rapprochèrent insensiblement l'une de l'autre ; on eût dit deux sœurs, une nymphe et une nayade, qu'un doux embrassement allait unir : leurs lèvres se touchèrent dans un bain humide, l'eau frémit, et une légère brise, passant dans les airs comme un souffle de volupté, fit pleuvoir sur le fleuve une neige rose et odorante que le courant emporta vers la mer.

En se relevant, la jeune fille porta les yeux sur le golfe, et resta un instant immobile de curiosité : une galère à deux rangs de rames, à la carène dorée et aux voiles de pourpre, s'avançait vers la plage, poussée par le vent qui venait de Délos ; quoiqu'elle fût encore éloignée d'un quart de mille, on entendait les matelots qui chantaient le chœur à Neptune. La jeune fille reconnut le mode phrygien, qui était consacré aux hymnes religieux ; seulement, au lieu des voix rudes des mariniers de Calydon ou de Céphalonie, les notes qui arrivaient jusqu'à elle, quoique dispersées et affaiblies par la brise, étaient savantes et douces à l'égal de celles que chantaient les prêtresses d'Apollon. Attirée par cette mélodie, la jeune Corinthienne se leva, brisa quelques branches d'oranger et de laurier-rose destinées à faire une seconde couronne qu'elle comptait déposer à son retour dans le temple de Flore, à laquelle le mois de mai était consacré ; puis d'un pas lent, curieux et craintif à la fois, elle s'avança vers le bord de la mer, tressant les branches odorantes qu'elle avait rompues au bord du ruisseau.

Cependant la birème s'était rapprochée, et maintenant la jeune fille pouvait non seulement entendre les voix, mais encore distinguer la figure des musiciens : le chant se composait d'une invocation à Neptune, chantée par un seul coryphée avec une reprise en chœur, d'une mesure si douce et si balancée, qu'elle imitait le mouvement régulier des matelots se courbant sur leurs rames et des rames retombant à la mer. Celui qui chantait seul, et qui paraissait le maître du bâtiment, se tenait debout à la proue et s'accompagnait d'une cythare à trois cordes, pareille à celle que les statuaires mettent aux mains d'Euterpe, la muse de l'harmonie : à ses pieds était couché, couvert d'une longue robe asiatique, un esclave dont le vêtement appartenait également aux deux sexes ; de sorte que la jeune fille ne put distinguer si c'était un homme ou une femme, et, à côté de leurs bancs, les rameurs mélodieux étaient debout et battaient des mains en mesure, remerciant Neptune du vent favorable qui leur faisait ce repos.

Ce spectacle, qui deux siècles auparavant aurait à peine attiré l'attention d'un enfant cherchant des coquillages parmi les sables de la mer, excita au plus haut degré l'étonnement de la jeune fille. Corinthe n'était plus à cette heure ce qu'elle avait été du temps de Sylla : la rivale et la sœur d'Athènes. Prise d'assaut l'an de Rome 608 par le consul Mummius, elle avait vu ses citoyens passés au fil de l'épée, ses femmes et ses enfans vendus comme esclaves, ses maisons brûlées, ses murailles détruites, ses statues envoyées à Rome, et ses tableaux, de l'un desquels Attale avait offert un million de sesterces, servir de tapis à ces soldats romains que Polybe trouva jouant aux dés sur le chef-d'œuvre d'Aristide. Rebâtie quatre-vingts ans après par Jules César, qui releva ses murailles et y envoya une colonie romaine, elle s'était reprise à la vie, mais était loin encore d'avoir retrouvé son ancienne splendeur. Cependant le proconsul romain, pour lui rendre quelque importance, avait annoncé, pour le 10 du mois de mai et les jours suivans, des jeux néméens, isthmiques et floraux, où il devait couronner le plus fort athlète, le plus adroit cocher et le plus habile chanteur. Il en résultait que depuis quelques jours une foule d'étrangers de toutes nations se dirigeaient vers la capitale de l'Achaïe, attirés soit par la curiosité, soit par le désir de remporter les prix : ce qui rendait momentanément à la ville, faible encore du sang et des richesses perdus, l'éclat et le bruit de ses anciens jours. Les uns étaient arrivés sur des chars, les autres sur des chevaux ; d'autres, enfin , sur des bâtimens qu'ils avaient loués ou fait construire ; mais aucun de ces derniers n'était entré dans le port sur un aussi riche navire que celui qui, en ce moment touchait la plage que se disputèrent autrefois dans leur amour pour elle Apollon et Neptune.

A peine eut-on tiré la birème sur le sable, que les matelots appuyèrent à la proue un escalier en bois de citronnier incrusté d'argent et d'airain, et que le chanteur, jetant sa cythare sur ses épaules, descendit, s'appuyant sur l'esclave que nous avons vu couché à ses pieds. Le premier était un beau jeune homme de vingt-sept à vingt-huit ans, aux cheveux blonds, aux yeux bleus, à la barbe dorée : il était vêtu d'une tunique de pourpre, d'une clamyde bleue étoilée d'or, et portait autour du cou, nouée par devant, une écharpe dont les bouts flottans retombaient jusqu'à sa ceinture. Le second paraissait plus jeune de dix années à peu près : c'était un enfant touchant à peine à l'adolescence, à la démarche lente, et à l'air triste et souffrant ; cependant la fraîcheur de ses joues eût fait honte au teint d'une femme, sa peau rosée et transparente aurait pu le disputer en finesse avec celle des plus voluptueuses filles de la molle Athènes, sa main blanche et potelée semblait, par sa forme et par sa faiblesse, bien plus destinée à tourner un fuseau ou à tirer une aiguille, qu'à porter l'épée ou le javelot, attributs de l'homme et du guerrier. Il était, comme nous l'avons dit, vêtu d'une robe blanche, brodée de palmes d'or, qui descendait au-dessous du genou ; ses cheveux flottans tombaient sur ses épaules découvertes, et, soutenu par une chaîne d'or, un petit miroir entouré de perles pendait à son cou.

Au moment où il allait toucher la terre, son compagnon l'arrêta vivement ; l'adolescent tressaillit.

— Qu'y a-t-il maître ? dit-il d'une voix douce et craintive.

— Il y a que tu allais toucher le rivage du pied gauche, et que par cette imprudence tu nous exposais à perdre tout le fruit de mes calculs, grâce auxquels nous sommes arrivés le jour des nones, qui est de bon augure.

— Tu as raison, maître, dit l'adolescent ; et il toucha la plage du pied droit ; son compagnon en fit autant.

— Étranger, dit, s'adressant au plus âgé des deux voyageurs, la jeune fille qui avait entendu ces paroles prononcées dans le dialecte ionien, la terre de la Grèce, de quelque pied qu'on la touche, est propice à quiconque l'aborde avec des intentions amies : c'est la terre des amours, de la poésie et des combats ; elle a des couronnes pour les amans, pour les poètes et pour les guerriers. Qui que tu sois, étranger, accepte celle-ci en attendant celle que tu viens chercher, sans doute.

Le jeune homme prit vivement et mit sur sa tête la couronne que lui présentait la Corinthienne.

— Les dieux nous sont propices, s'écria-t-il. Regarde, Sporus, l'oranger, ce pommier des Hespérides, dont les fruits d'or ont donné la victoire à Hippomène, en ralentissant la course d'Atalante, la terre de la Grèce, de quelque pied qu'on la touche, est propice à quiconque l'aborde à Apollon. Comment t'appelles-tu, prophétesse de bonheur ?

— Je me nomme Acté, répondit en rougissant la jeune fille.

— Acté ! s'écria le plus âgé des deux voyageurs. Entends-tu, Sporus ? Nouveau présage : Acté, c'est-à-dire la rive. Ainsi la terre de Corinthe m'attendait pour me couronner.

— Qu'y a-t-il d'étonnant ? n'es-tu pas prédestiné, Lucius, répondit l'enfant.

— Si je ne me trompe, demanda timidement la jeune fille, tu viens pour disputer un des prix offerts aux vainqueurs par le proconsul romain ?

— Tu as reçu le talent de la divination en même temps que le don de la beauté, dit Lucius.

— Et sans doute tu as quelque parent dans la ville ?

— Toute ma famille est à Rome.

— Quelque ami, peut-être ?

— Mon seul ami est celui que tu vois, et, comme moi, il est étranger à Corinthe.

— Quelque connaissance, alors ?

— Aucune.

— Notre maison est grande, et mon père est hospitalier, continua la jeune fille ; Lucius daignera-t-il nous donner la préférence ? nous prierons Castor et Pollux de lui être favorables.

— Ne serais-tu pas leur sœur Hélène, jeune fille ? interrompit Lucius en souriant. On dit qu'elle aimait à se baigner dans une fontaine qui ne doit pas être bien loin d'ici. Cette fontaine avait sans doute le don de prolonger la vie et de conserver la beauté. C'est un secret que Vénus aura révélé à Paris, et que Paris t'aura confié. S'il en est ainsi, conduis-moi à cette fontaine, belle Acté : car, maintenant que je t'ai vue, je voudrais vivre éternellement, afin de te voir toujours.

— Hélas ! je ne suis point une déesse, répondit Acté, et la source d'Hélène n'a point ce merveilleux privilège ; au reste, tu ne t'es pas trompé sur sa situation, la voilà à quelques pas de nous, qui se précipite à la mer du haut d'un rocher.

— Alors, ce temple qui s'élève près d'elle est celui de Neptune ?

— Oui, et cette allée bordée de pins mène au stade. Autrefois, dit-on, en face de chaque arbre s'élevait une statue ; mais Mummius les a enlevées, et elles ont à tout jamais quitté ma patrie pour la tienne. Veux-tu prendre cette allée, Lucius, continua en souriant la jeune fille, elle conduit à la maison de mon père.

— Que penses-tu de cette offre, Sporus ? dit le jeune homme, changeant de dialecte et parlant la langue latine.

— Que ta fortune ne t'a pas donné le droit de douter de sa constance.

— Eh bien! fions-nous donc à elle cette fois encore, car jamais elle ne s'est présentée sous une forme plus entraînante et plus enchanteresse. Alors, changeant d'idiome et revenant au dialecte ionien, qu'il parlait avec la plus grande pureté : — Conduis-nous, jeune fille, dit Lucius, car nous sommes prêts à te suivre ; et toi, Sporus, recommande à Lybicus de veiller sur Phœbé.

Acté marcha la première, tandis que l'enfant, pour obéir à l'ordre de son maître, remontait sur le navire. Arrivé au stade, elle s'arrêta : — Vois, dit-elle à Lucius, voici le gymnase. Il est tout prêt et sablé, car c'est après-demain que les jeux commencent, et ils commencent par la lutte. A droite, de l'autre côté du ruisseau, à l'extrémité de cette allée de pins, voici l'hippodrome ; le second jour, comme tu le sais, sera consacré à la course des chars. Puis enfin, à moitié chemin de la colline, dans la direction de la citadelle, voici le théâtre où se disputera le prix du chant : quelle est celle des trois couronnes que compte disputer Lucius?

— Toutes trois, Acté.

— Tu es ambitieux, jeune homme.

— Le nombre trois plaît aux dieux, dit Sporus qui venait de rejoindre son compagnon, et les voyageurs, guidés par leur belle hôtesse, continuèrent leur chemin.

En arrivant près de la ville, Lucius s'arrêta : — Qu'est-ce que cette fontaine, dit-il, et quels sont ces bas-reliefs brisés ? Ils me paraissent du plus beau temps de la Grèce.

— Cette fontaine est celle de Pyrène, dit Acté ; sa fille fut tuée par Diane à cet endroit même, et la déesse, voyant la douleur de la mère, la changea en fontaine sur le corps même de l'enfant qu'elle pleurait. Quant aux bas-reliefs, ils sont de Lysippe, élève de Phidias.

— Regarde donc, Sporus, s'écria avec enthousiasme le jeune homme à la lyre ; regarde, quel modèle ! quelle expression ! c'est le combat d'Ulysse contre les amans de Pénélope, n'est-ce pas ? Vois donc comme cet homme blessé meurt bien, comme il se tord, comme il souffre ; le trait l'a atteint au dessous du cœur ; quelques lignes plus haut, il n'y avait point d'agonie. Oh ! le sculpteur était un habile homme, et qui savait son métier. Je ferai transporter ce marbre à Rome ou à Naples, je veux l'avoir dans mon atrium. Je n'ai jamais vu d'homme vivant mourir avec plus de douleur.

— C'est un des restes de notre ancienne splendeur, dit Acté. La ville en est jalouse et fière, et, comme une mère qui a perdu ses plus beaux enfans, elle tient à ceux qui lui restent. Nul doute, Lucius, que tu sois assez riche pour acheter ce débris.

— Acheter ! répondit Lucius avec une expression indéfinissable de dédain ; à quoi bon acheter, lorsque jo puis prendre. Si je veux ce marbre, je l'aurai, quand bien même Corinthe tout entière dirait non. — Sporus serra la main de son maître. — A moins cependant, continua celui-ci, que la belle Acté ne me dise qu'elle désire que ce marbre demeure dans sa patrie.

— Je comprends aussi peu ton pouvoir que le mien, Lucius, mais je ne t'en remercie pas moins. Laisse-nous nos débris, Romain, et n'achève pas l'ouvrage de tes pères. Ils venaient en vainqueurs, eux ; tu viens en ami, toi ; ce qui fut de leur part une barbarie serait de la tienne un sacrilége.

— Rassure-toi, jeune fille, dit Lucius : car je commence à m'apercevoir qu'il y a à Corinthe des choses plus précieuses à prendre que le bas-relief de Lysippe, qui, à tout considérer, n'est que du marbré. Lorsque Pâris vint à Lacédémone, ce ne fut point la statue de Minerve ou de Diane qu'il enleva, mais bien Hélène, la plus belle des Spartiates.

Acté baissa les yeux sous le regard ardent de Lucius, et, continuant son chemin, elle entra dans la ville : les deux Romains la suivirent.

Corinthe avait repris l'activité de ses anciens jours. L'annonce des jeux qui devaient y être célébrés avait attiré des concurrens, non seulement de toutes les parties de la Grèce, mais encore de la Sicile, de l'Egypte et de l'Asie. Chaque maison avait son hôte, et les nouveaux arrivans auraient eu grande peine à trouver un gîte, si Mercure, le dieu des voyageurs, n'eût conduit au devant d'eux l'hospitalière jeune fille. Ils traversèrent, toujours guidés par elle, le marché de la ville, où étaient étalés pêle-mêle le papyrus et le lin d'Egypte, l'ivoire de la Lybie, les cuirs de Cyrène, l'encens et la myrrhe de la Syrie, les tapis de Carthage, les dattes de la Phénicie, la pourpre de Tyr, les esclaves de la Phrygie, les chevaux de Sélinonte, les épées des Celtibères, et le corail et l'escarboucle des Gaulois. Puis, continuant leur chemin, ils traversèrent la place où s'élevait autrefois une statue de Minerve, chef-d'œuvre de Phidias, et que, par vénération pour l'ancien maître, on n'avait point remplacée ; prirent une des rues qui venaient y aboutir, et, quelques pas plus loin, s'arrêtèrent devant un vieillard debout sur le seuil de sa maison.

— Mon père, dit Acté, voici un hôte que Jupiter vous envoie ; je l'ai rencontré au moment où il débarquait, et je lui ai offert l'hospitalité.

— Sois le bienvenu, jeune homme à la barbe d'or, répondit Amyclès : et, poussant d'une main la porte de sa maison, il tendit l'autre à Lucius.

II.

Le lendemain du jour où la porte d'Amyclès s'était ouverte pour Lucius, le jeune Romain, Acté et son père, réunis dans le triclinium, autour d'une table près d'être servie, se préparaient à tirer aux dés la royauté du festin. Le vieillard et la jeune fille avaient voulu la décerner à l'étranger ; mais leur hôte, soit superstition, soit respect, avait refusé la couronne : on apporta en conséquence les *tali*, et l'on remit le cornet au vieillard, qui fit le coup d'Hercule. Acté jeta les dés à son tour, et leur combinaison produisit le coup du char ; enfin elle passa le cornet au jeune Romain, qui le prit avec une inquiétude visible, le secoua longtemps, le renversa en tremblant sur la table, et poussa un cri de joie en regardant le résultat produit : il avait amené le coup de Vénus, qui l'emporte sur tous les autres.

— Vois, Sporus, s'écria-t-il en idiome latin, vois, décidément les dieux sont pour nous, et Jupiter n'oublie pas qu'il est le chef de ma race : le coup d'Hercule, le coup du char et le coup de Vénus, y a-t-il plus heureuse combinaison pour un homme qui vient disputer les prix de la lutte, de la course et du chant, et à la rigueur le dernier ne me promet-il pas un double triomphe?

— Tu es né dans un jour heureux, répondit l'enfant, et le soleil t'a touché avant que tu touchasses la terre : cette fois comme toujours tu triompheras de tous tes concurrens.

— Hélas! il y eut une époque, répondit en soupirant le vieillard, adoptant la langue que parlait l'étranger, où la Grèce t'aurait offert des adversaires dignes de te disputer la victoire : mais nous ne sommes plus au temps où Milon le Crotoniate fut couronné six fois aux jeux pythiens, et l'Athénien Alcibiade envoyait sept chars aux jeux olympiques, et remportait quatre prix. La Grèce avec sa liberté a perdu ses arts et sa force, et Rome, à compter de Cicéron, nous a envoyé tous ses enfans pour nous enlever toutes nos palmes. Que Jupiter, dont tu te vantes de descendre, te protége donc, jeune homme ! car après l'honneur de voir remporter la victoire par un de mes concitoyens, le plus grand plaisir que je puisse éprouver est de la voir favoriser mon hôte : apporte donc les couronnes de fleurs, ma fille, en attendant les couronnes de laurier.

Acté sortit et rentra presque aussitôt avec une couronne de myrte et de safran pour Lucius, une couronne d'ache et de lierre pour son père, et une couronne de lis et de roses pour elle : outre celles-là, un jeune esclave en apporta d'autres plus grandes, que les convives se passèrent autour du cou. Alors Acté s'assit sur le lit de droite, Lucius se coucha à la place consulaire, et le vieillard, debout au milieu de sa fille et de son hôte, fit une libation de vin et une prière aux dieux, puis il se cacha à son tour, en disant au jeune Romain: — Tu le vois, mon fils, nous sommes dans les conditions prescrites, puisque le nombre des convives, si l'on en croit un de nos poëtes, ne doit pas être au-dessous de celui des Grâces, et ne doit pas dépasser celui des Muses. Esclaves, servez la première table.

On apporta un plateau tout garni; les serviteurs se tinrent prêts à obéir au premier geste, Sporus se coucha aux pieds de son maître, lui offrant ses longs cheveux pour essuyer ses mains, et le *scissor* (1) commença ses fonctions.

Au commencement du second service, et lorsque l'appétit des convives commença de s'apaiser, le vieillard fixa les yeux sur son hôte, et, après avoir regardé quelque temps, avec l'expression bienveillante de la vieillesse, la belle figure de Lucius, à qui ses cheveux blonds et sa barbe dorée donnaient une expression étrange:

— Tu viens de Rome? lui dit-il.
— Oui, mon père, répondit le jeune homme.
— Directement?
— Je me suis embarqué au port d'Ostie.
— Les dieux veillaient toujours sur le divin empereur et sur sa mère?
— Toujours.
— Et César préparait-il quelque expédition guerrière?
— Aucun peuple n'est révolté dans ce moment. César, maître du monde, lui a donné la paix pendant laquelle fleurissent les arts: il a fermé le temple de Janus, puis il a pris sa lyre pour rendre grâce aux dieux.
— Et ne craint-il pas que pendant qu'il chante d'autres ne règnent?
— Ah! fit Lucius en fronçant le sourcil, en Grèce aussi l'on dit donc que César est un enfant?
— Non; mais on craint qu'il ne tarde encore longtemps à devenir un homme.
— Je croyais qu'il avait pris la robe virile aux funérailles de Britannicus?
— Britannicus était depuis longtemps condamné par Agrippine.
— Oui, mais c'est César qui l'a tué, je vous en réponds, moi; n'est-ce pas, Sporus?

L'enfant leva la tête et sourit.
— Il a assassiné son frère! s'écria Acté.
— Il a rendu à sa mère la mort que sa mère avait voulu lui donner. Ne sais-tu donc pas, jeune fille, alors demande-le à ton père qui paraît savant en ces sortes de choses, que Messaline envoya un soldat pour tuer Néron dans son berceau, et que le soldat allait frapper, lorsque deux serpens sont sortis du lit de l'enfant et ont mis en fuite le centurion?... Non, non, rassure-toi, mon père, Néron n'est point un imbécile comme Claudius, un fou comme Caligula, un lâche comme Tibère, ni un histrion comme Auguste.
— Mon fils, dit le vieillard effrayé, fais-tu attention que tu insultes des dieux?
— Plaisans dieux, par Hercule! s'écria Lucius; plaisant dieu qu'Octave qui avait peur du chaud, peur du froid, peur du tonnerre; qui vint d'Apollonie et se présenta aux vieilles légions de César en boitant comme Vulcain; plaisant dieu dont la main était si faible qu'elle ne pouvait parfois supporter le poids de sa plume; qui a vécu sans oser être une fois empereur, et qui est mort en demandant s'il avait bien joué son rôle! Plaisant dieu que Tibère, avec son olympe de Caprée, dont il n'osait pas sortir, et où il se tenait comme un pirate sur un vaisseau à l'ancre, ayant à sa droite Trasyle qui dirigeait son âme, et à sa gauche Chariclès qui gouvernait son corps; qui, possédant le monde, sur lequel il pouvait étendre ses ailes comme un aigle, se retira dans le creux d'un rocher comme un hibou! Plaisant dieu que Caligula, à qui un breuvage avait tourné la tête, et qui se crut aussi grand que Xercès parce qu'il avait jeté un pont de Pouzzoles à Baïa, et aussi puissant que Jupiter parce qu'il imitait le bruit de la foudre en faisant rouler un char de bronze sur un pont d'airain; qui se disait le fiancé de la lune, et que Chérea et Sabinus ont envoyé de vingt coups d'épée consommer son mariage au ciel! Plaisant dieu que Claude qu'on a trouvé derrière une tapisserie quand on le cherchait sur un trône; esclave et jouet de ses quatre épouses, qui signait le contrat de mariage de Messaline, sa femme, avec Silius son affranchi! Plaisant dieu dont les genoux ployaient à chaque pas, et dont la bouche écumait à chaque parole, qui bégayait de la langue et qui tremblait de la tête! Plaisant dieu qui vécut méprisé sans savoir se faire craindre, et qui mourut pour avoir mangé des champignons cueillis par Halotus, épluchés par Agrippine, et assaisonnés par Locuste! Ah! les plaisans dieux encore une fois, et quelle noble figure ils doivent faire dans l'Olympe, près d'Hercule, le porte-massue, près de Castor, le conducteur de chars, et près d'Apollon, le maître de la lyre!

Quelques instans de silence succédèrent à cette brusque et sacrilége sortie. Amyclès et Acté regardaient leur hôte avec étonnement, et la conversation interrompue n'avait point encore repris son cours, lorsqu'un esclave entra, annonçant un messager de la part de Cneus Lentulus, le proconsul: le vieillard demanda si le messager s'adressait à lui ou à son hôte. L'esclave répondit qu'il l'ignorait; le licteur fut introduit.

Il venait pour l'étranger: le proconsul avait appris l'arrivée d'un navire dans le port, il savait que le maître de ce navire avait intention de disputer les prix, et il lui faisait donner l'ordre de venir inscrire son nom au palais préfectoral, et déclarer à laquelle des trois couronnes il aspirait. Le vieillard et Acté se levèrent pour recevoir les ordres du proconsul; Lucius les écouta couché.

Lorsque le licteur eut fini, Lucius tira de sa poitrine des tablettes d'ivoire enduites de cire, écrivit sur une des feuilles quelques lignes avec un stylet, appuya le chaton de sa bague au-dessous, et remit la réponse au licteur, en lui donnant l'ordre de la porter à Lentulus. Le licteur étonné hésita; Lucius fit un geste impérial; le soldat s'inclina et sortit. Alors Lucius fit claquer ses doigts pour appeler son esclave, tendit sa coupe que l'échanson remplit de vin, en but une partie à la prospérité de son hôte et de sa fille, et donna le reste à Sporus.

— Jeune homme, dit le vieillard, en interrompant le silence, tu te dis Romain, et cependant j'ai peine à le croire: si tu avais vécu dans la ville impériale, tu aurais appris à mieux obéir aux ordres des représentans de César: le proconsul est ici maître aussi absolu et aussi respecté que Claudius Néron l'est à Rome.

— As-tu donc oublié que les dieux au commencement du repas m'ont fait momentanément l'égal de l'empereur, en m'élisant roi du festin? Et quand as-tu vu un roi descendre de son trône pour se rendre aux ordres d'un proconsul?

— Tu as donc refusé? dit Acté avec effroi.
— Non, mais j'ai écrit à Lentulus que, s'il était curieux de savoir mon nom, et dans quel but j'étais venu à Corinthe, il n'avait qu'à venir le demander lui-même.
— Et tu crois qu'il viendra? s'écria le vieillard
— Sans doute, répondit Lucius.
— Ici, dans ma maison?
— Ecoute, dit Lucius.
— Qu'y a-t-il?
— Le voilà qui frappe à la porte: je reconnais le bruit des faisceaux. Fais ouvrir, mon père, et laisse-nous seuls.

Le vieillard et sa fille se levèrent étonnés et allèrent eux-mêmes à la porte; Lucius resta couché.

Il ne s'était point trompé: c'était Lentulus lui-même; son front humide de sueur indiquait quelle promptitude il avait mise à se rendre à l'invitation de l'étranger: il demanda d'une voix rapide et altérée où était le noble Lucius, et, dès qu'on lui eut indiqué la chambre, il mit bas sa toge et entra dans le triclinium, qui se referma sur lui, et dont les licteurs gardèrent aussitôt la porte.

---

(1) Le découpeur.

Nul ne sut ce qui se passa dans cette entrevue. Au bout d'un quart-d'heure seulement le consul sortit, et Lucius vint rejoindre Amyclès et Acté sous le péristyle où ils se promenaient; sa figure était calme et souriante.

— Mon père, lui dit-il, la soirée est belle, ne voudrais-tu pas accompagner ton hôte jusqu'à la citadelle, d'où l'on dit qu'on embrasse une vue magnifique? puis je suis curieux de savoir si l'on a exécuté les ordres de César, qui, lorsqu'il a su que des jeux devaient être célébrés à Corinthe, a renvoyé l'ancienne statue de Vénus, afin qu'elle fût propice aux Romains qui viendraient vous disputer les couronnes.

— Hélas! mon fils, répondit Amyclès, je suis maintenant trop vieux pour servir de guide dans la montagne; mais voici Acté, qui est légère comme une nymphe, et qui t'accompagnera.

— Merci, mon père, je n'avais point demandé cette faveur de peur que Vénus ne fût jalouse, et ne se vengeât sur moi de la beauté de ta fille : mais tu me l'offres, j'aurai le courage de l'accepter.

Acté sourit en rougissant, et, sur un signe de son père, elle courut chercher un voile et revint aussi chastement drapée qu'une matrone romaine.

— Ma sœur a-t-elle fait quelque vœu, dit Lucius, ou bien, sans que je le sache, serait-elle prêtresse de Minerve, de Diane ou de Vesta?

— Non, mon fils, dit le vieillard en prenant le Romain par le bras et en le tirant à l'écart : comme Corinthe est la ville des courtisanes, tu le sais : en mémoire de ce que leur intercession a sauvé la ville de l'invasion de Xercès, nous les avons fait peindre dans un tableau, comme les Athéniens les portraits de leurs capitaines après la bataille de Marathon; depuis lors, nous craignons tellement d'en manquer, que nous en faisons acheter à Byzance, dans les îles de l'Archipel et jusqu'en Sicile. On les reconnaît à leur visage et à leur sein découvert. Rassure-toi, Acté n'est point une prêtresse de Minerve, de Diane ni de Vesta; mais elle craint d'être prise pour une adoratrice de Vénus. Puis, haussant la voix : Allez, mes enfans, va ma fille, continua le vieillard, et, du haut de la colline, rappelle à notre hôte, en lui montrant les lieux que ils gardent, tous les vieux souvenirs de la Grèce : le seul bien qui reste à l'esclave et que ne peuvent lui arracher ses maîtres, c'est la mémoire du temps où il était libre.

Lucius et Acté se mirent en route, et en peu d'instans le Romain et la jeune fille eurent atteint la porte du nord, et s'engagèrent dans le chemin qui conduit à la citadelle. Quoiqu'à vol d'oiseau elle parût à cinq cents pas à peine de la ville, il se repliait en tant de manières, qu'ils furent près d'une heure à le parcourir. Deux fois sur la route Acté s'arrêta : la première, pour montrer à Lucius le tombeau des enfans de Médée; la seconde, pour lui faire remarquer la place où Bellérophon reçut des mains de Minerve le cheval Pégase; enfin ils arrivèrent à la citadelle, et, à l'entrée d'un temple qui y attenait, Lucius reconnut la statue de Vénus couverte d'armes brillantes, ayant à sa droite celle de l'Amour, et à sa gauche celle du Soleil, le premier dieu qu'on ait adoré à Corinthe : Lucius se prosterna et fit sa prière.

Cet acte de religion accompli, les deux jeunes gens prirent un sentier qui traversait le bois sacré et conduisait au sommet de la colline. La soirée était superbe, le ciel pur et la mer tranquille. La Corinthienne marchait devant, pareille à Vénus conduisant Énée sur la route de Carthage; et Lucius, qui venait derrière elle, s'avançait au travers d'un air embaumé des parfums de sa chevelure; de temps en temps elle se retournait, et, comme, en sortant de la ville, elle avait rabattu son voile sur ses épaules, le Romain dévorait de ses yeux ardens cette tête charmante à laquelle la marche donnait une animation nouvelle, et ce sein qu'il voyait haleter à travers la légère tunique qui le recouvrait. A mesure qu'ils montaient, le panorama prenait de l'étendue. Enfin à l'endroit le plus élevé de la colline, Acté s'arrêta sous un mûrier, et, s'appuyant contre lui pour reprendre haleine : — Nous sommes arrivés, dit-elle à Lucius; que dites-vous de cette vue? ne vaut-elle pas celle de Naples?

Le Romain s'approcha d'elle sans lui répondre, passa, pour s'appuyer, son bras dans une des branches de l'arbre, et, au lieu de regarder le paysage, fixa sur Acté des yeux si brillans d'amour, que la jeune fille, se sentant rougir, se hâta de parler pour cacher son trouble.

— Voyez du côté de l'orient, dit-elle; malgré le crépuscule qui commence à s'étendre, voici la citadelle d'Athènes, pareille à un point blanc, et le promontoire de Sunium, qui se découpe sur l'azur des flots comme le fer d'une lance; plus près de nous, au milieu de la mer Saronique, cette île que vous voyez, et qui a la forme d'un fer de cheval, c'est Salamine, où combattit Eschyle et où fut battu Xercès; au-dessous, vers le midi, dans la direction de Corinthe, et à deux cents stades d'ici à peu près, vous pouvez apercevoir Némée et la forêt dans laquelle Hercule tua le lion dont il porta toujours la dépouille comme un trophée de sa victoire; plus loin, au pied de cette chaîne de montagnes qui borne l'horizon, est Épidaure, chère à Esculape; et, derrière elle, Argos, la patrie du roi des rois; à l'occident, noyées dans les flots d'or du soleil couchant, au bout des riches plaines de Sycione, au-delà de cette ligne bleue que forme la mer, comme des vapeurs flottantes sur le ciel, apercevez-vous Samos et Ithaque? Et maintenant tournez le dos à Corinthe et regardez vers le nord : voici, à notre droite, le Cythéron où fut exposé Œdipe; à notre gauche Leuctres où Épaminondas battit les Lacédémoniens; et, en face de nous, Platée où Aristide et Pausanias vainquirent les Perses; puis, au milieu, et à l'extrémité de cette chaîne de montagnes qui court de l'Attique en Étolie, l'Hélicon, couvert de pins, de myrtes et de lauriers, et le Parnasse avec ses deux sommets tout blancs de neige, entre lesquels coule la fontaine Castalie, qui a reçu des Muses le don de donner l'esprit poétique à ceux qui boivent de ses eaux.

— Oui, dit Lucius, ton pays est la terre des grands souvenirs : il est malheureux que tous ses enfans ne les conservent pas avec une religion pareille à la tienne, jeune fille; mais console-toi, si la Grèce n'est plus reine par la force, elle l'est toujours par la beauté, et cette royauté-là est la plus douce et la plus puissante.

Acté porta la main à son voile; mais Lucius arrêta sa main. La Corinthienne tressaillit, et cependant n'eut point le courage de la retirer : quelque chose comme un nuage passa devant ses yeux, et, sentant ses genoux faiblir, elle s'appuya contre le tronc du mûrier.

On en était à cette heure charmante qui n'est déjà plus le jour et n'est point encore la nuit : le crépuscule, étendu sur toute la partie orientale de l'horizon, couvrait l'Archipel et l'Attique; tandis que du côté opposé, la mer Ionienne, roulant des vagues de feu, et le ciel des nuages d'or, semblaient n'être séparés l'un de l'autre que par le soleil qui, semblable à un grand bouclier rougi à la forge, commençait à s'éteindre dans l'eau son extrémité inférieure. On entendait encore bourdonner la ville comme une ruche; mais tous les bruits de la plaine et de la montagne mouraient les uns après les autres; de temps en temps seulement le chant aigu d'un pâtre retentissait du côté de Cythéron, ou le cri d'un matelot tirant sa barque sur la plage montait de la mer Saronique ou du golfe de Crissa. Les insectes de la nuit commençaient à chanter sous l'herbe, et les lucioles, répandues par milliers dans l'air tiède du soir, brillaient comme les étincelles d'un foyer invisible. On sentait que la nature, fatiguée de ses travaux du jour, se laissait aller peu à peu au sommeil, et que dans quelques instans tout se tairait pour ne pas troubler son voluptueux repos.

Les jeunes gens eux-mêmes, cédant à cette impression religieuse, gardaient le silence, lorsqu'on entendit du côté du port de Léchée un cri si étrange, qu'Acté frissonna. Le Romain, de son côté, tourna vivement la tête, et ses yeux se portèrent directement sur sa birème qu'on apercevait sur la plage, pareille à un coquillage d'or. Par un sentiment de crainte instinctif, la jeune fille se releva et fit un mouvement pour reprendre le chemin de la ville; mais Lucius l'arrêta: elle céda sans rien dire, et, comme vaincue par une puissance supérieure, s'appuya de nouveau contre l'arbre ou plutôt contre le bras que Lucius avait passé, sans qu'elle s'en aperçût, autour de sa taille, et, laissant tomber sa tête en arrière, elle regarda le ciel les yeux à demi fermés et la bouche à demi close. Lucius la contemplait amoureusement dans cette pose charmante, et, quoiqu'elle sentît les yeux du Romain l'envelopper de leurs rayons ardens, elle n'avait pas la force de s'y soustraire, lorsqu'un second cri, plus rapproché et plus terrible, traversa cet air doux et calme, et vint réveiller Acté de son extase.

— Fuyons, Lucius, s'écria-t-elle avec effroi, fuyons! il y a quelque bête féroce qui erre dans la montagne; fuyons. Nous n'avons que le bois sacré à traverser, et nous sommes au temple de Vénus ou à la citadelle. Viens, Lucius, viens.

Lucius sourit.

— Acté craint-elle quelque chose, dit-il, lorsqu'elle est près de moi? Quant à moi, je sens que pour Acté je braverais tous les monstres qu'ont vaincus Thésée, Hercule et Cadmus.

— Mais sais-tu quel est ce bruit? dit la jeune fille tremblante.

— Oui, répondit en souriant Lucius, oui, c'est le rauquement du tigre.

— Jupiter! s'écria Acté en se jetant dans les bras du Romain; Jupiter, protége-nous!

En effet, un troisième cri, plus rapproché et plus menaçant que les deux premiers, venait de traverser l'espace; Lucius y répondit par un cri à peu près pareil. Presqu'au même moment une tigresse bondissante sortit du bois sacré, s'arrêta, se dressant sur ses pattes de derrière comme indécise du chemin; Lucius fit entendre un sifflement particulier; la tigresse s'élança, franchissant myrtes, chênes-verts et lauriers-roses, comme un chien fait de la bruyère, et se dirigea vers lui, rugissant de joie. Tout à coup le Romain sentit peser à son bras la jeune Corinthienne: elle était renversée, évanouie et mourante de terreur.

Lorsqu'Acté revint à elle, elle était dans les bras de Lucius, et la tigresse, couchée à leurs pieds, étendait câlinement sur les genoux de son maître sa tête terrible dont les yeux brillaient comme des escarboucles. A cette vue, la jeune fille se rejeta dans les bras de son amant, moitié par terreur, moitié par honte, tout en étendant la main vers sa ceinture dénouée, jetée à quelques pieds d'elle. Lucius vit cette dernière tentative de la pudeur, et, détachant le collier d'or massif qui entourait le cou de la tigresse, et auquel pendait encore un anneau de la chaîne qu'elle avait brisée, il l'agrafa autour de la taille mince et flexible de sa jeune amie; puis, ramassant la ceinture qu'il avait furtivement dénouée, il attacha un bout du ruban au cou de la tigresse, et remit l'autre entre les doigts tremblans d'Acté; alors, se levant tous deux, ils redescendirent silencieusement vers la ville, Acté s'appuyant d'une main sur l'épaule de Lucius, et de l'autre conduisant, enchaînée et docile, la tigresse qui lui avait fait si grande peur.

A l'entrée de la ville, ils rencontrèrent l'esclave nubien chargé de veiller sur Phœbé; il l'avait suivie dans la campagne, et l'avait perdue de vue au moment où l'animal, ayant retrouvé la trace de son maître, s'était élancé du côté de la citadelle. En apercevant Lucius, il se mit à genoux, baissant la tête et attendant le châtiment qu'il croyait avoir mérité; mais Lucius était trop heureux en ce moment pour être cruel: d'ailleurs Acté le regardait en joignant les mains.

— Relève-toi, Lybicus, dit le Romain: pour cette fois je te pardonne; mais désormais veille mieux sur Phœbé: tu es cause que cette belle nymphe a eu si grande peur qu'elle a pensé en mourir. Allons, mon Ariane, remettez votre tigresse à son gardien; je vous en attellerai une couple à un char d'or et d'ivoire, et je vous ferai passer au milieu d'un peuple qui vous adorera comme une déesse... C'est bien, Phœbé, c'est bien. Adieu...

Mais la tigresse ne voulait point s'en aller ainsi: elle s'arrêta devant Lucius, se dressa contre lui, et, posant ses deux pattes de devant sur ses épaules, elle le caressa de sa langue en poussant de petits rugissemens d'amour.

— Oui, oui, dit Lucius à demi-voix; oui, vous êtes une noble bête; et quand nous serons de retour à Rome, je vous donnerai à dévorer une belle esclave chrétienne avec ses deux enfans. Allez, Phœbé, allez.

La tigresse obéit comme si elle comprenait cette sanglante promesse, et elle suivit Lybicus, mais non sans se retourner vingt fois encore du côté de son maître; et ce ne fut que lorsqu'il eut disparu avec Acté, pâle et tremblante, derrière la porte de la ville, qu'elle se décida à regagner sans opposition la cage dorée qu'elle habitait à bord du navire.

Sous le vestibule de son hôte, Lucius trouva l'esclave cubiculaire: il l'attendait pour le conduire à sa chambre. Le jeune Romain serra la main d'Acté, et suivit l'esclave qui le précédait avec une lampe. Quant à la belle Corinthienne, elle alla, selon son habitude, baiser le front du vieillard qui, la voyant si pâle et si agitée, lui demanda quelle crainte la tourmentait.

Alors elle lui raconta la terreur que lui avait faite Phœbé, et comment ce terrible animal obéissait au moindre signe de Lucius.

Le vieillard resta un instant pensif; puis avec inquiétude:

— Quel est donc cet homme, dit-il, qui joue avec les tigres, qui commande aux proconsuls, et qui blasphème les dieux!

Acté approcha ses lèvres froides et pâles du front de son père; mais à peine osa-t-elle les poser sur les cheveux blancs du vieillard: elle se retira dans sa chambre, et, tout éperdue, ne sachant si ce qui s'était passé était un songe ou une réalité, elle porta les mains sur elle-même pour s'assurer qu'elle était bien éveillée. Alors elle sentit sous ses doigts le cercle d'or qui avait remplacé sa ceinture virginale, et, s'approchant de la lampe, elle lut sur le collier ces mots qui répondaient si directement à sa pensée:

« J'appartiens à Lucius. »

III.

La nuit se passa en sacrifices: les temples furent ornés de festons comme pour les grandes fêtes de la patrie; et, aussitôt les cérémonies sacrées achevées, quoiqu'il fût à peine une heure du matin, la foule se précipita vers le gymnase, tant était grand l'empressement de revoir les jeux qui rappelaient les vieux et beaux jours de la Grèce.

Amyclès était l'un des huit juges élus: en cette qualité, il avait sa place réservée en face de celle du proconsul romain: il n'arriva donc qu'au moment où les jeux allaient commencer. Il trouva à la porte Sporus qui venait y rejoindre son maître, et à qui les gardes refusaient l'entrée, parce qu'à son teint blanc, à ses mains délicates, à sa démarche indolente, ils le prenaient pour une femme. Or, une ancienne loi remise en vigueur condamnait à être précipitée d'un rocher toute femme qui assisterait aux exercices de la course et de la lutte, où les athlètes combattaient nus. Le vieillard répondit de Sporus, et l'enfant, arrêté un instant, put rejoindre son maître.

Le gymnase était pareil à une ruche: outre les premiers arrivés, assis sur les gradins et pressés les uns contre les autres, tout espace était rempli. Les vomitoires semblaient fermés d'une muraille de têtes; le couronnement de l'édifice était surmonté de tout un rang de spectateurs debout, se soutenant les uns aux autres, et dont le seul point d'appui était, de dix pieds en dix pieds, les poutres dorées auxquelles se tendait le velarium: et cependant beaucoup bourdonnaient encore comme des abeilles aux portes de cet immense vaisseau, dans lequel venait non-seulement de disparaître la population de Corinthe, mais encore les députés du monde entier qui accouraient à ces fêtes. Quant aux femmes, on les voyait de loin aux portes et sur les murailles de la ville, où elles attendaient que fût proclamé le nom du vainqueur.

A peine Amyclès fut-il assis, que, le nombre des juges se trouvant complet, le proconsul se leva et annonça, au nom de César Néron, empereur de Rome et maître du monde, que les jeux étaient ouverts. De grands cris et de grands applaudissemens accueillirent ses paroles, et tous les yeux se tournèrent vers le portique où attendaient les lutteurs. Sept jeunes gens en sortirent et s'avancèrent vers la tribune du proconsul. Deux des lutteurs seulement étaient de Corinthe; et parmi les cinq autres il y avait un Thébain, un Syracusain, un Sybarite et deux Romains.

Les deux Corinthiens étaient deux frères jumeaux; ils s'avancèrent les bras entrelacés, vêtus d'une tunique pareille, et si semblables l'un à l'autre de taille, de tournure et de visage, que tout le cirque battit des mains à l'aspect de ces deux Ménechmes. Le Thébain était un jeune berger qui, gardant ses troupeaux près du mont Cythéron, en avait vu descendre un ours, s'était jeté au-devant de lui, et, sans armes contre ce terrible antagoniste, s'était pris corps à corps avec lui et l'avait étouffé dans la lutte. En souvenir de cette victoire, il s'était couvert les épaules de la peau de l'animal vaincu, dont la tête, lui servant de casque, encadrait de ses dents blanches son visage bruni par le soleil. Le Syracusain avait donné de sa force une preuve non moins extraordinaire. Un jour que ses compatriotes faisaient un sacrifice à Jupiter, le taureau, mal frappé par le sacrificateur, s'élança au milieu de la foule, tout couronné de fleurs, tout paré de ses bandelettes, et avait déjà écrasé sous ses pieds plusieurs personnes, lorsque le Syracusain le saisit par les cornes, et, levant l'une et baissant l'autre, le fit tomber sur le flanc et le maintint sous lui, comme un athlète vaincu, jusqu'au moment où un soldat lui enfonça son épée dans la gorge. Enfin, le jeune Sybarite, qui avait lui-même ignoré longtemps sa force, en avait reçu la révélation d'une manière non moins fortuite. Couché avec ses amis sur des lits de pourpre, autour d'une table somptueuse, il avait tout à coup entendu des cris : un char, emporté par deux chevaux fougueux, allait se briser au premier angle de la rue; dans ce char était sa maîtresse : il s'élança par la fenêtre, saisit le char par derrière; les chevaux arrêtés tout à coup se cabrèrent, l'un des deux tomba renversé, et le jeune homme reçut dans ses bras sa maîtresse évanouie, mais sans blessure. Quant aux deux Romains, l'un était un athlète de profession, connu par de grands triomphes; l'autre était Lucius.

Les juges mirent sept bulletins dans une urne. Deux de ces bulletins étaient marqués d'un A, deux d'un B, deux d'un C, enfin le dernier d'un D. Le sort devait donc former trois couples, et laisser un septième athlète pour combattre avec les vainqueurs. Le proconsul mêla lui-même les bulletins, puis les sept combattans s'avancèrent, en prirent chacun un, le déposèrent entre les mains du président des jeux; celui-ci les ouvrit les uns après les autres et les appareilla. Le hasard voulut que les deux Corinthiens eussent chacun un A, le Thébain et le Syracusain chacun un B, le Sybarite et l'athlète les deux C, et Lucius le D.

Les athlètes, ignorant encore dans quel ordre le sort les avait désignés pour combattre, se déshabillèrent, à l'exception de Lucius qui, devant entrer en lice le dernier, resta enveloppé de son manteau. Le proconsul appela les deux A; aussitôt les deux frères s'élancèrent du portique et se trouvèrent en face l'un de l'autre, la surprise leur arracha un cri auquel l'assemblée répondit par un murmure d'étonnement; puis ils restèrent un instant immobiles et hésitans. Mais ce moment n'eut que la durée d'un éclair, car ils se jetèrent aussitôt dans les bras l'un de l'autre; l'amphithéâtre éclata tout entier dans un unanime applaudissement, et, au bruit de cet hommage rendu à l'amour fraternel, les deux beaux jeunes gens se reculèrent en souriant pour laisser le champ libre à leurs rivaux, et, pareils à Castor et Pollux, appuyés au bras l'un de l'autre, d'acteurs qu'ils croyaient être, ils devinrent spectateurs.

Ceux qui devaient figurer les seconds se trouvèrent alors être les premiers; le Thébain et le Syracusain s'avancèrent donc à leur tour; le vainqueur d'ours et le dompteur de taureaux se mesurèrent des yeux, puis s'élancèrent l'un sur l'autre. Un instant, leurs deux corps réunis et emboîtés eurent l'aspect d'un tronc noueux et informe, capricieusement modelé par la nature, qui tout à coup roula déraciné comme par un coup de foudre. Pendant quelques secondes on ne put, au milieu de la poussière, rien distinguer, tant les chances paraissaient égales pour tous deux, et si rapidement chacun des athlètes se retrouvait tantôt dessus, tantôt dessous; enfin le Thébain finit par maintenir son genou sur la poitrine du Syracusain, et lui entourant la gorge de ses deux mains comme d'un anneau de fer, il le serra avec une telle violence que celui-ci fut obligé de lever la main, en signe qu'il s'avouait vaincu. Des applaudissemens unanimes, qui prouvaient avec quel enthousiasme les Grecs assistaient à ce spectacle, saluèrent le dénouement de ce premier combat : et ce fut à leur bruit trois fois renaissant que le vainqueur vint se placer sous la loge du proconsul, et que son antagoniste, humilié, rentra sous le portique, d'où sortit aussitôt la dernière couple de combattans, qui se composait du Sybarite et de l'athlète.

Ce fut une chose curieuse à voir, lorsqu'ils eurent dépouillé leurs vêtemens, et tandis que les esclaves les frottaient d'huile, que ces deux hommes d'une nature si opposée et offrant les deux plus beaux types de l'antiquité, celui de l'Hercule et celui de l'Antinoüs : l'athlète avec ses cheveux courts et ses membres bruns et musculeux, le Sybarite avec ses longs anneaux ondoyans et son corps blanc et arrondi. Les Grecs, ces grands adorateurs de la beauté physique, ces religieux sectateurs de la forme, ces maîtres en toute perfection, laissèrent échapper un murmure d'admiration qui fit en même temps relever la tête aux deux adversaires. Leurs regards pleins d'orgueil se croisèrent comme deux éclairs, et, sans attendre que l'un ni l'autre que cette opération préparatoire fût complètement achevée, ils s'arrachèrent aux mains de leurs esclaves et s'avancèrent au devant l'un de l'autre.

Arrivés à la distance de trois ou quatre pas, ils se regardèrent avec une nouvelle attention, et chacun sans doute reconnut dans son adversaire un rival digne de lui, car les yeux de l'un prirent l'expression de la défiance, et les yeux de l'autre celle de la ruse. Enfin, d'un mouvement spontané et pareil, ils se saisirent chacun par les bras, appuyèrent leurs fronts l'un contre l'autre, et, pareils à deux taureaux qui luttent, tentèrent le premier essai de leur force en essayant de se faire reculer. Mais tous deux restèrent debout et immobiles à leur place, pareils à des statues dont la vie ne serait indiquée que par le gonflement progressif des muscles qui semblaient prêts à se briser. Après une minute d'immobilité, tous deux se rejetèrent en arrière, secouant leurs têtes inondées de sueur, et respirant avec bruit, comme des plongeurs qui reviennent à la surface de l'eau.

Ce moment d'intervalle fut court; les deux ennemis en vinrent de nouveau aux mains, et cette fois ils se saisirent à bras le corps; mais, soit ignorance de ce genre de combat, soit conviction de sa force, le Sybarite donna l'avantage à son adversaire en se laissant saisir sous les bras; l'athlète l'enleva aussitôt, et lui fit perdre terre. Cependant, ployant sous le poids, il fit en chancelant trois pas en arrière, et, dans ce mouvement, le Sybarite étant parvenu à toucher le sol du pied, il reprit toutes ses forces, et l'athlète, déjà ébranlé, tomba dessous; mais à peine eut-on le temps de lui voir toucher le sol, qu'avec une force et une agilité surnaturelles il se retrouva debout, de sorte que le Sybarite ne se releva que le second.

Il n'y avait ni vainqueur ni vaincu; aussi les deux adversaires recommencèrent-ils la lutte avec un nouvel acharnement et au milieu d'un silence profond. On eût dit que les trente mille spectateurs étaient de pierre comme les degrés sur lesquels ils étaient assis. De temps en temps seulement, lorsque la fortune favorisait l'un des lutteurs, on entendait un murmure sourd et rapide s'échapper des poitrines, et un léger mouvement faisait onduler toute cette foule, comme des épis sur lesquels glisse un souffle d'air. Enfin, une seconde fois les lutteurs perdirent pied et roulèrent dans l'arène ; mais cette fois ce fut l'athlète qui se trouva dessus : et cependant ce n'eût été qu'un faible avantage, s'il n'eût joint à sa force tous les principes d'adresse de son art. Grâce à eux, il maintint le Sybarite dans la position d'un homme qui lui-même s'était si promptement tiré. Comme un serpent qui étouffe et broie sa proie avant de la dévorer, il entrelaça ses jambes et ses bras aux jambes et aux bras de son adversaire avec une telle habileté, qu'il parvint à suspendre tous ses mouvemens ; et alors, lui appuyant le front contre le front, il le contraignit de toucher la terre du derrière de la tête : ce qui équivalait pour les juges à l'aveu de la défaite. De grands cris retentirent, de grands applaudissemens se firent entendre ; mais, quoique vaincu, certes, le Sybarite put en prendre sa part. Sa défaite avait touché de si près à la victoire, que nul n'eut l'idée de lui en faire une honte ; aussi se retira-t-il lentement sous le portique, sans rougeur et sans embarras, ayant perdu la couronne, et voilà tout.

Restaient donc deux vainqueurs, et Lucius qui n'avait pas lutté et devait lutter contre tous deux. Les yeux se tournèrent vers le Romain qui, calme et impassible pendant les combats précédens, les avait suivis du regard, appuyé contre une colonne et enveloppé de son manteau. C'est alors seulement qu'on remarqua sa figure douce et efféminée, ses longs cheveux blonds, et la légère barbe dorée qui lui couvrait à peine le bas du visage. Chacun sourit en voyant ce faible adversaire qui venait avec tant d'imprudence disputer la palme au vigoureux Thébain et à l'habile athlète. Lucius s'aperçut de ce sentiment général au murmure qui courait par toute l'assemblée ; et, sans s'en inquiéter ni daigner y répondre, il fit quelques pas en avant et laissa tomber son manteau. Alors on vit, supportant cette tête apollonienne, un cou vigoureux et des épaules puissantes ; et, chose plus bizarre encore, tout ce corps blanc, dont la peau eût fait honte à une jeune fille de Circassie, moucheté de taches brunes pareilles à celles qui couvrent la fourrure fauve de la panthère. Le Thébain regarda insoucieusement ce nouvel ennemi ; mais l'athlète, visiblement étonné, recula de quelques pas. En ce moment Sporus parut et versa sur les épaules de son maître un flacon d'huile parfumée qu'il lui étendit par tout le corps à l'aide d'un morceau de pourpre.

C'était au Thébain à lutter le premier ; il fit donc un pas vers Lucius, exprimant son impatience de ce que ses préparatifs duraient si longtemps ; mais Lucius étendit la main, de l'air du commandement pour indiquer qu'il n'était pas prêt, et la voix du proconsul fit entendre aussitôt ce mot : *Attends*. Cependant le jeune Romain était couvert d'huile, et il ne lui restait plus qu'à se rouler dans la poussière du cirque, ainsi que c'était l'habitude de le faire ; mais, au lieu de cela, il mit un genou en terre, et Sporus lui vida sur les épaules un sac rempli de sable recueilli sur les rives du Chrysorrhoas et qui était mêlé de paillettes d'or. Cette dernière préparation achevée, Lucius se releva et ouvrit les deux bras, en signe qu'il était prêt à lutter.

Le Thébain s'avança plein de confiance, et Lucius l'attendit avec tranquillité ; mais à peine les mains rudes de son adversaire eurent-elles effleuré son épaule, qu'un éclair terrible passa dans ses yeux, et qu'il jeta un cri pareil à un rugissement. En même temps, il se laissa tomber sur un genou, et enveloppa de ses bras robustes les flancs du berger, au-dessous des côtes et au-dessus des hanches ; puis, nouant en quelque sorte ses mains derrière le dos de son adversaire, il lui pressa le ventre contre sa poitrine,

et tout à coup il se releva tenant le colosse entre ses bras. Cette action fut si rapide et si adroitement exécutée, que le Thébain n'eut ni le temps ni la force de s'y opposer, et se trouva enlevé du sol, dépassant de la tête la tête de son adversaire, et battant de l'air de ses bras qui ne trouvaient rien à saisir. Alors les Grecs virent se renouveler la lutte d'Hercule et d'Antée : le Thébain appuya ses mains aux épaules de Lucius, et, se raidissant de toute la force de ses bras, il essaya de rompre la chaîne terrible qui l'étouffait, mais tous ses efforts furent inutiles ; en vain enveloppa-t-il à son tour les reins de son adversaire de ses deux jambes comme d'un double serpent, cette fois ce fut Laocoon qui maîtrisa le reptile ; plus les efforts du Thébain redoublaient, plus Lucius semblait serrer le lien dont il l'avait garrotté ; et, immobile à la même place, sans un seul mouvement apparent, la tête entre les pectoraux de son ennemi, comme pour écouter sa respiration étouffée, pressant toujours davantage, comme si sa force croissante devait atteindre à un degré surhumain, il resta ainsi plusieurs minutes, pendant lesquelles on vit le Thébain donner les signes visibles et successifs de l'agonie. D'abord une sueur mortelle coula de son front sur son corps, lavant la poussière qui le couvrait ; puis son visage devint pourpre, sa poitrine râla, ses jambes se détachèrent du corps de son adversaire, ses bras et sa tête se renversèrent en arrière, enfin un flot de sang jaillit impétueusement de son nez et de sa bouche. Alors Lucius ouvrit les bras, et le Thébain évanoui tomba comme une masse à ses pieds.

Aucun cri de joie, aucun applaudissement n'accueillit cette victoire ; la foule, oppressée, resta muette et silencieuse. Cependant il n'y avait rien à dire : tout s'était passé dans les règles de la lutte, aucun coup n'avait été porté, et Lucius avait franchement et loyalement vaincu son adversaire. Mais, pour ne point se manifester par des acclamations, l'intérêt que les assistans prenaient à ce spectacle n'en était pas moins grand. Aussi, lorsque les esclaves eurent enlevé le vaincu toujours évanoui, les regards qui l'avaient suivi se reportèrent aussitôt sur l'athlète qui, par la force et l'habileté qu'il avait montrées dans le combat précédent, promettait à Lucius un adversaire redoutable. Mais l'attente générale fut étrangement trompée, car au moment où Lucius se préparait pour une seconde lutte, l'athlète s'avança vers lui d'un air respectueux, et, mettant un genou en terre, il leva la main en signe qu'il s'avouait vaincu. Lucius parut regarder cette action et cet hommage sans aucun étonnement ; car, sans tendre la main à l'athlète, sans le relever, il jeta circulairement ses yeux autour de lui, comme pour demander à cette foule étonnée s'il était dans ses rangs un homme qui osât lui contester sa victoire. Mais nul ne fit un geste, nul ne prononça une parole, et ce fut au milieu du plus profond silence que Lucius s'avança vers l'estrade du proconsul, qui lui tendit la couronne. En ce moment seulement, quelques applaudissemens éclatèrent ; mais il fut facile de reconnaître, dans ceux qui donnaient cette marque d'approbation, les matelots du bâtiment qui avait transporté Lucius.

Et cependant le sentiment qui dominait cette foule n'était point défavorable au jeune Romain : c'était comme une terreur superstitieuse qui s'était répandue sur cette assemblée. Cette force surnaturelle, réunie à tant de jeunesse, rappelaient les prodiges des âges héroïques ; les noms de Thésée, de Pirithoüs, se trouvaient sur toutes les lèvres ; et, sans que nul eût communiqué sa pensée, chacun était prêt à croire à la présence d'un demi-dieu. Enfin, cet hommage public, cet aveu anticipé de sa défaite, cet abaissement de l'esclave devant le maître, achevaient de donner quelque consistance à cette pensée. Aussi, lorsque le vainqueur sortit du cirque, s'appuyant d'un côté sur le bras d'Amyclès, et de l'autre laissant tomber sa main sur l'épaule de Sporus, toute cette foule le suivit jusqu'à la porte de son hôte, curieuse, pressée, mais en même temps si muette et si craintive, qu'on eût, certes dit, bien plutôt un convoi funéraire qu'une pompe triomphale.

Arrivé aux portes de la ville, les jeunes filles et les femmes qui n'avaient pu assister au combat attendaient le vainqueur, des branches de laurier à la main. Lucius chercha des yeux Acté au milieu de ses compagnes ; mais, soit honte, soit crainte, Acté était absente, et il la chercha vainement. Alors il doubla le pas, espérant que la jeune Corinthienne l'attendait au seuil de la porte qu'elle lui avait ouverte la veille ; il traversa cette place qu'il avait traversée avec elle, prit la rue par laquelle elle l'avait guidé ; mais aucune couronne, aucun feston n'ornaient la porte hospitalière. Lucius en franchit rapidement le seuil, et s'élança dans le vestibule, laissant bien loin derrière lui le vieillard ; le vestibule était vide, mais par la porte qui donnait sur le parterre, il aperçut la jeune fille à genoux devant une statue de Diane, blanche et immobile comme le marbre qu'elle tenait embrassé ; alors il s'avança doucement derrière elle, et lui posa sur la tête la couronne qu'il venait de remporter. Acté jeta un cri, se retourna vivement vers Lucius, et les yeux ardens et fiers du jeune Romain lui annoncèrent, mieux encore que la couronne qui roula à ses pieds, que son hôte avait remporté la première des trois palmes qu'il venait disputer à la Grèce.

IV.

Le lendemain, dès le matin, Corinthe tout entière sembla revêtir ses habits de fête. Les courses de chars, sans être les jeux les plus antiques, étaient les plus solennels ; ils se célébraient en présence des images des dieux ; et, réunies pendant la nuit dans le temple de Jupiter qui s'élevait près de la porte de Léchée, c'est-à-dire vers la partie orientale de la ville, les statues sacrées devaient traverser la cité dans toute sa longueur, pour aller gagner le cirque qui s'élevait sur le versant opposé, et en vue du port de Crissa. A dix heures du matin, c'est-à-dire vers la quatrième heure du jour, selon la division romaine, le cortége se mit en route. Le proconsul Lentulus marchait le premier, monté sur un char et portant le costume de triomphateur ; puis, derrière lui, venait une troupe de jeunes gens de quatorze ou quinze ans, tous fils de chevaliers, montés sur de magnifiques chevaux ornés de housses d'écarlate et d'or ; puis, derrière les jeunes gens, les concurrens au prix de la journée ; et en tête, comme vainqueur de la veille, vêtu d'une tunique verte, Lucius, sur un char d'or et d'ivoire, menant avec des rênes de pourpre un magnifique quadrige blanc. Sur sa tête, où l'on cherchait en vain la couronne de la lutte, brillait un cercle radiant pareil à celui dont les peintres ornent le front du soleil ; et, pour ajouter encore à sa ressemblance avec ce dieu, sa barbe était semée de poudre d'or. Derrière lui marchait un jeune Grec de la Thessalie, fier et beau comme Achille, vêtu d'une tunique jaune, et conduisant un char de bronze attelé de quatre chevaux noirs. Les deux derniers étaient, l'un un Athénien qui prétendait descendre d'Alcibiade, et l'autre un Syrien, au teint brûlé par le soleil. Le premier s'avançait couvert d'une tunique bleue, et laissant flotter au vent ses longs cheveux noirs et parfumés ; le second était vêtu d'une espèce de robe blanche nouée à la taille par une ceinture perse, et, comme les fils d'Ismaël, il avait la tête ceinte d'un turban blanc, aussi éclatant que la neige qui brille au sommet du Sinaï.

Puis venaient, précédant les statues des dieux, une troupe de harpistes et de joueurs de flûte, déguisés en satyres et en silènes, auxquels étaient mêlés les ministres subalternes du culte des douze grands dieux, portant des coffres et des vases remplis de parfums ; et, des cassolettes d'or et d'argent où fumaient les aromates les plus précieux ; enfin, dans des litières fermées et terminant la marche, étaient placées, couchées ou debout, les images divines, traînées par de magnifiques chevaux, et escortées par des chevaliers et des patriciens. Ce cortége, qui avait à traverser la ville dans presque toute sa largeur, défilait entre un double rang de maisons couvertes de tableaux, décorées de statues, ou tendues de tapisseries. Arrivé devant la porte d'Amyclès, Lucius se retourna pour chercher Acté ; et, sous un des pans du voile de pourpre étendu devant la façade de la maison, il aperçut, rougissante et craintive, la tête de la jeune fille ornée de la couronne que la veille il avait laissé rouler à ses pieds. Acté, surprise, laissa retomber la tapisserie ; mais, à travers le voile qui la cachait, elle entendit la voix du jeune Romain qui disait : — Viens au-devant de mon retour, ô ma belle hôtesse ! et je changerai ta couronne d'olivier en une couronne d'or.

Vers le milieu du jour, le cortége atteignit l'entrée du cirque. C'était un immense bâtiment de deux mille pieds de long sur huit cents de large. Divisée par une muraille haute de six pieds, qui s'étendait dans toute sa longueur, moins, à chaque extrémité, le passage pour quatre chars, cette *spina* était couronnée, dans toute son étendue, d'autels, de temples, de piédestaux vides qui, pour cette solennité seulement, attendaient les statues des dieux. L'un des bouts du cirque était occupé par les *carceres* ou écuries, l'autre par les gradins ; à chaque extrémité de la muraille se trouvaient trois bornes placées en triangle, qu'il fallait doubler sept fois pour accomplir la course voulue.

Les cochers, comme on l'a vu, avaient pris les livrées des différentes factions qui, à cette heure, divisaient Rome ; et, comme de grands paris avait été établis d'avance, les parieurs avaient adopté les couleurs de ceux des *agitatores* qui, par leur bonne mine, la race de leurs chevaux, ou leurs triomphes passés, leur avaient inspiré le plus de confiance. Presque tous les gradins du cirque étaient donc couverts de spectateurs qui, à l'enthousiasme qu'inspiraient habituellement ces sortes de jeux, joignaient encore l'intérêt personnel qu'ils prenaient à leurs cliens. Les femmes elles-mêmes avaient adopté les divers partis, et on les reconnaissait à leurs ceintures et à leurs voiles assortis aux couleurs que portaient les quatre coureurs. Aussi, lorsqu'on entendit s'approcher le cortége, un mouvement étrange, et qui sembla agiter d'un frisson électrique la multitude, fit-elle bouillonner toute cette mer humaine, dont les têtes semblaient des vagues animées et bruyantes ; et dès que les portes furent ouvertes, le peu d'intervalle qui restait libre fut-il comblé par les flots de nouveaux spectateurs qui vinrent comme un flux battre les murs du colosse de pierre. Aussi à peine le quart des curieux qui accompagnaient le cortége put-il entrer, et l'on vit toute cette foule, repoussée par la garde du proconsul, cherchant tous les points élevés qui lui permettaient de dominer le cirque, s'attacher aux branches des arbres, se suspendre aux créneaux des remparts, et couronner de ses fleurons vivans les terrasses des maisons les plus rapprochés.

A peine chacun avait-il pris sa place, que la porte principale s'ouvrit, et que Lentulus, apparaissant à l'entrée du cirque, fit tout à coup succéder le silence profond de la curiosité à l'agitation bruyante de l'attente. Soit confiance dans Lucius, déjà vainqueur la veille, soit flatterie pour le divin empereur Claudius Néron, qui protégeait à Rome la faction verte à laquelle il se faisait honneur d'appartenir, le proconsul, au lieu de la robe de pourpre, portait une tunique de cette couleur. Il fit lentement le tour du cirque, conduisant après lui les images des dieux, toujours précédées des musiciens qui ne cessèrent de jouer lorsqu'elles furent couchées sur leurs *pulvinaria* ou dressées sur leurs piédestaux. Alors Lentulus donna le signal en jetant au milieu du cirque une pièce de laine blanche. Aussitôt un héraut, monté à nu sur un cheval sans frein, et vêtu en Mercure, s'élança dans l'arène, et, sans descendre de cheval, enlevant la *nappe* avec une des ailes de son caducée, il fit au galop le tour de la grille intérieure, en l'agitant comme un étendard ; puis, arrivé aux carcères, il lança caducée et nappe par dessus les murs derrière lesquels attendaient les équipages. A ce signal, les portes des carcères s'ouvrirent, et les quatre concurrens parurent.

Au même instant leurs noms furent jetés dans une corbeille, car le sort devait désigner les rangs, afin que les plus éloignés de la spina n'eussent à se plaindre que du hasard qui leur assignait un plus grand cercle à parcourir. L'ordre dans lequel les noms seraient tirés devait assigner à chacun le rang qu'il occuperait.

Le proconsul mêla les noms écrits sur un papier roulé, les tira et les ouvrit les uns après les autres : le premier qu'il proclama fut celui du Syrien au turban blanc ; il quitta aussitôt sa place et alla se ranger près la muraille, de manière à ce que l'essieu de son char se trouvât parallèle à une ligne tirée à la craie sur le sable. Le second fut celui de l'Athénien à la tunique bleue ; il alla se ranger près de son concurrent. Le troisième fut celui du Thessalien au vêtement jaune. Enfin, le dernier fut celui de Lucius, à qui la fortune avait désigné la place la plus désavantageuse, comme si elle eût été jalouse déjà de sa victoire de la veille. Les deux derniers nommés allèrent se placer aussitôt près de leurs adversaires. Alors de jeunes esclaves passèrent entre les chars, tressant les crins des chevaux avec des rubans de la couleur de la livrée de leur maître, et faisaient, pour affirmer leur courage, flotter de petits étendards devant les yeux de ces nobles animaux, tandis que des aligneurs, tendant une chaîne attachée à deux anneaux, amenaient les quatre quadriges sur une ligne exactement parallèle.

Il y eut alors un instant d'attente tumultueuse ; les paris redoublèrent, des enjeux nouveaux furent proposés et acceptés, de confuses paroles se croisèrent ; puis tout à coup on entendit la trompette, et, au même instant, tout se tut ; les spectateurs debout s'assirent, et cette mer, tout à l'heure si tumultueuse et si agitée, aplanit sa surface, et prit l'aspect d'une prairie en pente émaillée de mille couleurs. Au dernier son de l'instrument, la chaîne tomba, et les quatre chars partirent, emportés de toute la vitesse des chevaux.

Deux tours s'accomplirent pendant lesquels les adversaires gardèrent, à peu de chose près, leurs rangs respectifs ; cependant, les qualités des chevaux commencèrent à se faire jour aux yeux des spectateurs exercés. Le Syrien retenait avec peine ses coursiers à la tête forte et aux membres grêles, habitués aux courses vagabondes du désert, et que, de sauvages qu'ils étaient, il avait, à force de patience et d'art, assouplis et façonnés au joug ; et l'on sentait que, lorsqu'il leur donnerait toute liberté, ils l'emporteraient aussi rapides que le simoun, qu'ils avaient souvent devancé dans ces vastes plaines de sables qui s'étendent du pied des monts de Juda aux rives du lac Asphalte. L'Athénien avait fait venir les siens de Thrace ; mais, voluptueux et fier comme le héros dont il se vantait de descendre, il avait laissé à ses esclaves le soin de leur éducation, et l'on sentait que son attelage, guidé par une main et excité par une voix qui leur étaient inconnues, le seconderait mal dans un moment dangereux. Le Thessalien, au contraire, semblait être l'âme de ses coursiers d'Élide, qu'il avait nourris de sa main et exercés cent fois aux lieux même où Achille dressait les siens, entre le Pénéus et l'Énipée. Quant à Lucius, certes, il avait retrouvé la race de ces chevaux de la Mysie dont parle Virgile, et dont les mères étaient fécondées par le vent ; car, quoiqu'il eût le plus grand espace à parcourir, sans aucun effort, sans les retenir ni les presser, en les abandonnant à un galop qui semblait être leur allure ordinaire, il maintenait son rang, et avait même plutôt gagné que perdu.

Au troisième tour, les avantages réels ou fictifs étaient plus clairement dessinés : l'Athénien avait gagné sur le Thessalien, le plus avancé de ses concurrens, la longueur de deux lances ; le Syrien, retenant de toutes ses forces ses chevaux arabes, s'était laissé dépasser, sûr de reprendre ses avantages ; enfin, Lucius, tranquille et calme comme le dieu dont il semblait être la statue, paraissait assister à une lutte étrangère, et dans laquelle il n'aurait eu aucun intérêt particulier, tant sa figure était souriante et son geste dessiné selon les règles les plus exactes de l'élégance mimique.

Au quatrième tour, un incident détourna l'attention des trois concurrens pour la fixer plus spécialement sur Lucius : son fouet, qui était fait d'une lanière de peau de rhinocéros, incrustée d'or, s'échappa de sa main et tomba ; aussitôt Lucius arrêta tranquillement son quadrige, s'élança dans l'arène, ramassa le fouet qu'on aurait pu croire jusqu'alors un instrument inutile, et, remontant sur son char, se trouva dépassé de trente pas à peu près par ses adversaires. Si court qu'eût été cet instant, il avait porté un coup terrible aux intérêts et aux espérances de la faction verte ; mais leur crainte disparut aussi rapidement que la lueur d'un éclair : Lucius se pencha vers ses chevaux, et sans se servir du fouet, sans les animer du geste, il se contenta de faire entendre un sifflement particulier ; aussitôt ils partirent comme s'ils avaient les ailes de Pégase, et, avant que le quatrième tour fût achevé, Lucius avait, au milieu des cris et des applaudissemens, repris sa place accoutumée.

Au cinquième tour, l'Athénien n'était plus maître de ses chevaux emportés de toute la vitesse de leur course ; il avait laissé loin derrière lui ses rivaux : mais cet avantage factice ne trompait personne, et ne pouvait le tromper lui-même : aussi le voyait-on, à chaque instant, se retourner avec inquiétude, et, prenant toutes les ressources de sa position même, au lieu d'essayer de retenir ses chevaux déjà fatigués, il les excitait encore de son fouet à triple lanière, les appelant par leurs noms, et espérant que, avant qu'ils ne fussent fatigués, il aurait gagné assez de terrain pour ne pouvoir être rejoint par les retardataires ; il sentait si bien, au reste, le peu de puissance qu'il exerçait sur son attelage, que, quoiqu'il pût se rapprocher de la spina, et par conséquent diminuer l'espace à parcourir, il ne l'essaya point, de peur de se briser à la borne, et se maintint à la même distance que le sort lui avait assignée au moment du départ.

Deux tours seulement restaient à faire, et, à l'agitation des spectateurs et des combattans, on sentait que l'on approchait du dénouement. Les parieurs bleus, que représentait l'Athénien, paraissaient visiblement inquiets de leur victoire momentanée, et lui criaient de modérer ses chevaux, mais ces animaux, prenant ces cris pour des signes d'excitation, redoublaient de vitesse, et, ruisselant de sueur, ils indiquaient qu'ils ne tarderaient pas à épuiser le reste de leurs forces.

Ce fut dans ce moment que le Syrien lâcha les rênes de ses coursiers, et que les fils du désert abandonnés à eux-mêmes commencèrent à s'emparer de l'espace. Le Thessalien resta un instant étonné de la rapidité qui les entraînait, mais aussitôt, faisant entendre sa voix à ses fidèles compagnons, il s'élança à son tour comme emporté par un tourbillon. Quant à Lucius, il se contenta de faire entendre le sifflement avec lequel il avait déjà excité les siens, et, sans qu'ils parussent déployer encore toute leur force, il se maintint à son rang.

Cependant l'Athénien avait vu, comme une tempête, fondre sur lui les deux rivaux que le sort avait placés à sa droite et à sa gauche ; il comprit qu'il était perdu s'il laissait, entre la spina et lui, l'espace d'un char : il se rapprocha en conséquence de la muraille assez à temps pour empêcher le Syrien de la côtoyer ; celui-ci, alors appuya ses chevaux à droite, essayant de passer entre l'Athénien et le Thessalien ; mais l'espace était trop étroit. D'un coup d'œil rapide il vit que le char du Thessalien était plus léger et moins solide que le sien, et, prenant à l'instant son parti, il se dirigea obliquement sur lui, et, poussant roue contre roue, il brisa l'essieu et renversa char et cocher sur l'arène.

Si habilement exécutée qu'eût été cette manœuvre, si rapide qu'eût été le choc, et la chute qu'il avait occasionnée, le Syrien n'en avait pas moins été momentanément retardé ; mais il le reprit aussitôt son avantage, et l'Athénien vit arriver presqu'en même temps que lui, au sixième tour, les deux rivaux qu'il avait si longtemps laissés en arrière.

Avant d'avoir accompli la sixième partie de cette dernière révolution, il était rejoint et presque aussitôt dépassé. La question se trouva donc dès-lors pendante entre le cocher blanc et le cocher vert, entre l'Arabe et le Romain.

Alors on vit un spectacle magnifique : la course de ces huit chevaux était si rapide et si égale, qu'on eût pu croire qu'ils étaient attelés de front ; un nuage les enveloppait comme un orage, et comme on entend le bruissement du tonnerre, comme on voit l'éclair sillonner la nue, de même on entendait le bruissement des roues, de même il semblait, au milieu du tourbillon, distinguer la flamme que soufflaient les chevaux. Le cirque tout entier était debout, les parieurs agitaient les voiles et les manteaux verts et blancs, et ceux mêmes qui avaient perdu ayant adopté les couleurs bleue et jaune du Thessalien et du fils d'Athènes, oubliant leur défaite récente, excitaient les deux adversaires par leurs cris et leurs applaudissemens. Enfin, il parut que le Syrien allait l'emporter, car ses chevaux dépassèrent d'une tête ceux de son adversaire, mais au même moment, et comme s'il n'eût attendu que ce signal, Lucius, d'un seul coup de fouet, traça une ligne sanglante sur les croupes de son quadrige ; les nobles animaux hennirent d'étonnement et de douleur ; puis, d'un même élan, s'élançant comme l'aigle, comme la flèche, comme la foudre, ils dépassèrent le Syrien vaincu, accomplirent la carrière exigée, et, le laissant plus de cinquante pas en arrière, vinrent s'arrêter au but, ayant fourni la course voulue, c'est à dire sept fois le tour de l'arène.

Aussitôt de grands cris retentirent avec une admiration qui allait jusqu'à la frénésie. Ce jeune Romain inconnu, vainqueur à la lutte de la veille, vainqueur à la course d'aujourd'hui, c'était Thésée, c'était Castor, c'était Apollon peut-être qui une fois encore redescendait sur la terre ; mais à coup sûr c'était un favori des dieux ; et lui, pendant ce temps, comme accoutumé à de pareils triomphes, s'élança légèrement de son char sur la spina, monta quelques degrés qui le conduisirent à un piédestal, où il s'exposa aux regards des spectateurs, tandis qu'un héraut proclamait son nom et sa victoire, et que le proconsul Lentulus, descendant de son siége, venait lui mettre dans la main une palme d'Idumée, et lui ceignait la tête d'une couronne à feuilles d'or et d'argent, entrelacées de bandelettes de pourpre. Quant au prix monnayé qu'on lui apportait en espèces d'or ou dans un vase d'airain, Lucius le remit au proconsul pour qu'il fût distribué de sa part aux vieillards pauvres et aux orphelins.

Puis aussitôt il fit un signe à Sporus, qui accourut rapidement à lui, tenant en ses mains une colombe qu'il avait prise le matin dans la volière d'Acté. Lucius passa autour du cou de l'oiseau de Vénus une bandelette de pourpre à laquelle étaient liées deux feuilles de la couronne d'or, et lâcha le messager de victoire qui prit rapidement son vol vers la partie de la ville où s'élevait la maison d'Amyclès.

V.

Les deux victoires successives de Lucius, et les circonstances bizarres qui les avaient accompagnées, avaient produit, comme nous l'avons dit, une impression profonde sur l'esprit des spectateurs : la Grèce avait été autrefois la terre aimée des dieux ; Apollon, exilé du ciel, s'était fait berger et avait gardé les troupeaux d'Admète, roi de Thessalie ; Vénus, née au sein des flots, et poussée par les Tritons vers la plage la plus voisine, avait abordé près de Hélos, et, libre de se choisir les lieux de son culte, avait préféré Gnide, Paphos, Idalie et Cythère, à tous les autres pays du monde. Enfin, les Arcadiens, disputant aux Crétois l'honneur d'être les compatriotes du roi des dieux, faisaient naître Jupiter sur le mont Lycée, et cette prétention, fût-elle fausse, il était certain du moins que, lorsqu'il lui fallut choisir un empire, enfant au souvenir pieux, il posa son trône au sommet de l'Olympe. Hé bien, tous ces souvenirs des âges fabuleux s'étaient représentés, grâce à Lucius, à l'imagination poétique de ce peuple que les Romains avaient déshérités de son avenir, mais n'avaient pu dépouiller de son passé : aussi les concurrens qui s'étaient présentés pour lui disputer le prix du chant se retirèrent-ils en voyant le mauvais destin de ceux qui lui avaient disputé la palme de la lutte et de la course. On se rappelait le sort de Marsyas luttant avec Apollon, et des Piérides défiant les Muses. Lucius resta donc seul des cinq concurrens qui s'étaient fait inscrire : mais il n'en fut pas moins décidé par le proconsul que la fête aurait lieu au jour et à l'heure dits.

Le sujet choisi par Lucius intéressait vivement les Corinthiens : c'était un poème sur Médée, que l'on attribuait à l'empereur César Néron lui-même ; on sait que cette magicienne, conduite à Corinthe par Jason qui l'avait enlevée, et abandonnée par lui dans cette ville, avait déposé au pied des autels ses deux fils, les mettant sous la garde des dieux, tandis qu'elle empoisonnait sa rivale avec une tunique semblable à celle de Nessus. Mais les Corinthiens, épouvantés du crime de la mère, avaient arraché les enfans du temple, et les avaient écrasés à coups de pierres. Ce sacrilége ne resta point impuni ; les dieux vengèrent leur majesté outragée, et une maladie épidémique vint frapper alors tous les enfans des Corinthiens. Cependant, comme plus de quinze siècles s'étaient écoulés depuis cette époque, les descendans des meurtriers niaient le crime de leurs pères. Mais une fête instituée tous les ans le jour du massacre des deux victimes, l'habitude de faire porter aux enfans une robe noire, et de leur raser la tête jusqu'à l'âge de cinq ans, en signe d'expiation, était une preuve évidente que la terrible vérité l'avait emporté sur toutes les dénégations ; il est donc facile de comprendre combien cette circonstance ajoutait à la curiosité des assistans.

Aussi comme la multitude qui avait afflué à Corinthe ne pouvait se placer tout entière dans ce théâtre qui, beaucoup plus petit que le stade et l'hippodrome, ne contenait que vingt mille spectateurs, on avait distribué aux plus nobles des Corinthiens et aux plus considérables des étrangers, de petites tablettes d'ivoire sur lesquelles étaient gravés des numéros qui correspondaient à d'autres chiffres creusés sur les gradins. Des désignateurs, placés de précinctions en précinctions, étaient chargés de faire asseoir tout le monde, et de veiller à ce que nul n'usurpât les places désignées ; aussi, malgré la foule qui se pressait au dehors, tout se passa-t-il avec la plus grande régularité.

Pour amortir le soleil du mois de mai, le théâtre était couvert d'un immense *velarium* : c'était un voile azuré, composé d'un tissu de soie parsemé d'étoiles d'or, et au centre duquel, dans un cercle radieux, on voyait Néron en costume de triomphateur et monté sur un char traîné par quatre chevaux. Malgré l'ombre dont cette espèce de tente couvrait le théâtre, la chaleur était si grande que beaucoup de jeunes gens tenaient à la main de grands éventails de plume de paon, avec lesquels ils rafraîchissaient les femmes plutôt couchées qu'assises sur des coussins de pourpre, ou des tapis de Perse, que des esclaves avaient placés d'avance sur les gradins qui leur étaient réservés. Parmi ces femmes, on voyait Acté qui, n'osant porter les couronnes que lui avaient vouées le vainqueur, s'était coiffée entremêlant à ses cheveux les deux feuilles d'or apportées par la colombe. Seulement, au lieu d'une cour de jeunes gens folâtrant auprès d'elle, comme autour de la plupart des femmes présentes à ce spectacle, elle avait son père, dont la belle figure grave, mais en même temps souriante, indiquait l'intérêt qu'il prenait aux triomphes de son hôte, ainsi que la fierté qu'il en avait ressentie. C'était lui qui, confiant dans la fortune de Lucius, avait déterminé sa fille à venir, certain que cette fois encore ils assisteraient à une victoire.

L'heure annoncée pour le spectacle approchait, et chacun était dans l'attente la plus vive et la plus curieuse, lorsqu'un bruissement pareil à celui du tonnerre retentit, et qu'une légère pluie tomba sur les spectateurs et rafraîchit l'atmosphère qu'elle embauma. Tous les assistans battirent des mains, car ce tonnerre, produit par deux hommes qui roulaient derrière la scène des cailloux dans un vase d'airain, étant celui de Claudius Pulcher (1), annonçait que le spectacle allait commencer; quant à cette pluie, ce n'était autre chose qu'une rosée de parfums, composée d'une infusion de safran de Cilicie, qui s'échappait par jets des statues qui couronnaient le pourtour du théâtre. Un moment après la toile s'abaissa, et Lucius parut la lyre à la main, ayant à sa gauche l'histrion Pâris chargé de faire les gestes pendant qu'il chantait, et derrière lui le chœur, conduit par le chorège, dirigé par un joueur de flûte et réglé par un mime.

Aux premières notes que laissa tomber le jeune Romain, il fut facile de reconnaître un chanteur habile et exercé; car, au lieu d'entamer à l'instant même son sujet, il le fit précéder d'une espèce de gamme contenant deux octaves et une quinte, c'est-à-dire la plus grande étendue de voix humaine que l'on eût entendue depuis Timothée; puis ce prélude achevé avec autant de facilité que de justesse, il entra dans son sujet.

C'était, comme nous l'avons dit, les aventures de Médée, la femme à la ravissante beauté, la magicienne aux terribles enchantemens. En maître habile dans l'art scénique, l'empereur Claudius César Néron avait pris la fable au moment où Jason, monté sur son beau navire *Argo*, aborde aux rives de la Colchide, et rencontre Médée, la fille du roi Æètès, cueillant des fleurs sur la rive. A ce premier chant, Acté tressaillit : c'est ainsi qu'elle avait vu arriver Lucius; elle aussi cueillait des fleurs lorsque la birème aux flancs d'or toucha la plage de Corinthe, et elle reconnut dans les demandes de Jason, et dans les réponses de Médée, les propres paroles échangées entre elle et le jeune Romain.

En ce moment, et comme si pour de si doux sentimens il fallait une harmonie particulière, Sporus, profitant d'une interruption faite par le chœur, s'avança, tenant une lyre montée sur le mode ionien, c'est-à-dire à onze cordes : cet instrument était pareil à celui dont Thimotée fit retentir les sons aux oreilles des Lacédémoniens, et que les éphores jugèrent si dangereusement efféminé, qu'ils déclarèrent que le chanteur avait blessé la majesté de l'ancienne musique, et tenté de corrompre les jeunes Spartiates : il est vrai que les Lacédémoniens avaient rendu ce décret vers le temps de la bataille d'Ægos-Potamos, qui les rendit maîtres d'Athènes.

Or, quatre siècles s'étaient écoulés depuis cette époque; Sparte était au niveau de l'herbe, Athènes était l'esclave de Rome, la Grèce était réduite au rang de province; la prédiction d'Euripide s'était accomplie, et, au lieu de faire retrancher par l'exécuteur des décrets publics quatre cordes à la lyre corruptrice, Lucius fut applaudi avec un enthousiasme qui tenait de la fureur! Quand à Acté, elle écoutait sans voix et sans haleine; car il lui semblait que c'était sa propre histoire que son amant avait commencé de raconter.

En effet, comme Jason, Lucius venait enlever un prix merveilleux, et déjà deux tentatives couronnées de succès avaient annoncé que, comme Jason, il serait vainqueur; mais, pour célébrer la victoire, il fallait une autre lyre que celle sur laquelle il avait chanté Ismène. Aussi du moment où, après avoir rencontré Médée au temple d'Hécate, il a obtenu de sa belle maîtresse l'aide de son art magique, et les trois talismans qui doivent l'aider à surmonter les obstacles terribles qui s'opposent à la conquête de la toison, c'est sur une lyre lydienne, lyre aux tons tantôt graves et tantôt perçans, qu'il entreprend sa conquête : c'est alors qu'Acté frémit de tout son corps : car elle ne peut dans son esprit séparer Jason de Lucius : elle suit le héros, frotté des sucs magiques qui le rendent invulnérable, dans la première enceinte où lui présentent à lui deux taureaux vulcaniens, à la taille colossale, aux pieds et aux cornes d'airain, et à la bouche qui vomit le feu; mais à peine Jason les a-t-il touchés du fouet enchanté, qu'ils se laissent tranquillement attacher à une charrue de diamant, et que l'héroïque laboureur défriche les quatre arpens consacrés à Mars. De là, il passe dans la seconde enceinte, et Acté l'y suit : à peine y est-il, qu'un serpent gigantesque dresse sa tête au milieu d'un bois d'oliviers et de lauriers-roses qui lui sert de retraite, et s'avance en sifflant contre le héros. Alors une lutte terrible commence, mais Jason est invulnérable, le serpent brise ses dents en vaines morsures, il s'épuise inutilement à le presser dans ses replis, tandis qu'au contraire chaque coup de l'épée de Jason lui fait de profondes blessures : bientôt c'est le monstre qui recule, et Jason qui attaque; c'est le reptile qui fuit, et l'homme qui le presse; il entre dans une caverne étroite et obscure : Jason, rampant comme lui, y entre derrière lui, puis ressort bientôt tenant à la main la tête de son adversaire; alors il revient au champ qu'il a labouré, et, dans les profondes rides que le soc de sa charrue a tracées au fond de la terre, il sème les dents du monstre. Aussitôt du sillon magique surgit vivante et belliqueuse une race d'hommes armés qui se précipitent sur lui. Mais Jason n'a qu'à jeter au milieu d'eux le caillou que lui a donné Médée, pour que ces hommes tournent leurs armes les uns contre les autres, et, occupés de s'entretuer le laissent pénétrer jusqu'à la troisième enceinte, au milieu de laquelle s'élève l'arbre au tronc d'argent, au feuillage d'émeraude, et aux fruits de rubis, aux branches duquel pend la toison d'or, dépouille du bélier Phryxus. Mais un dernier ennemi reste plus terrible et plus difficile à vaincre qu'aucun de ceux qu'a déjà combattus Jason : c'est un dragon gigantesque, aux ailes démesurées, couvert d'écailles de diamant, qui le rendent aussi invulnérable que celui qui l'attaque : aussi avec ce dernier antagoniste les armes sont-elles différentes; c'est une coupe d'or pleine de lait que Jason pose à terre, et où le monstre vient boire un breuvage soporifique qui amène un sommeil profond, pendant lequel l'aventureux fils d'Éson enlève la toison d'or. Alors Lucius reprend la lyre ionienne, car Médée attend le vainqueur, et il faut que Jason trouve des paroles d'amour assez puissantes pour déterminer sa maîtresse à quitter père et patrie, et à le suivre sur les flots. La lutte est longue et douloureuse, mais enfin l'amour l'emporte : Médée, tremblante et demi-nue, quitte son vieux père pendant son sommeil; mais, arrivée aux portes du palais, une dernière fois elle veut revoir encore celui qui lui a donné le jour : elle retourne, le pied timide, la respiration suspendue, elle entre dans la chambre du vieillard, s'approche du lit, se penche sur son front, pose un baiser d'adieu éternel sur ses cheveux blancs, jette un cri sanglottant que le vieillard prend pour la voix d'un songe, et revient se jeter dans les bras de son amant, qui l'attend au port et qui l'emporte évanouie dans ce vaisseau merveilleux construit par Minerve elle-même sur les chantiers d'Iolchos, et sous la quille duquel les flots se courbent obéissans; si bien qu'en revenant à elle, Médée voit les rives paternelles décroître à l'horizon, et quitte l'Asie pour l'Europe, le père pour l'époux, le passé pour l'avenir.

Cette seconde partie du poëme avait été chantée avec tant de passion et d'entraînement par Lucius, que toutes les femmes écoutaient avec une émotion puissante : Acté surtout, comme Médée, prise du frisson ardent de l'amour, l'œil fixe, la bouche sans voix, la poitrine sans haleine, croyait écouter sa propre histoire, assister à sa vie dont un art magique lui représentait le passé et l'avenir. Aussi au moment où Médée pose ses lèvres sur les cheveux blancs d'Æètès et laisse échapper de son cœur brisé le dernier sanglot de l'amour filial à l'agonie, Acté se serra contre Amyclès, et, pâlissante et éperdue, elle appuya sa tête sur l'épaule du vieillard. Quand à Lucius, son triomphe était complet : à la première interruption du poëme, il avait été applaudi avec fureur; cette fois c'étaient des cris et des trépignemens, et lui seul put faire taire, en reprenant la troi-

(1) Claudius Pulcher inventa ce procédé qui avait conservé son nom.

sième partie de son drame, les clameurs d'enthousiasme que lui-même avait excitées.

Cette fois encore il changea de lyre, car ce n'était plus l'amour virginal ou voluptueux qu'il avait à peindre ; ce n'était plus le triomphe de l'amant et du guerrier, c'étaient l'ingratitude de l'homme, les transports jaloux de la femme ; c'était l'amour furieux, délirant, frénétique ; l'amour vengeur et homicide, et alors le mode dorien seul pouvait exprimer toutes ses souffrances et toutes ses fureurs.

Médée vogue sur le vaisseau magique, elle aborde en Phéacie, touche à Iolchos pour payer une dette filiale au père de Jason, en le rajeunissant ; puis elle aborde à Corinthe, où son amant l'abandonne pour épouser Creuse, fille du roi d'Epire. C'est alors que la femme jalouse remplace la maîtresse dévouée. Elle enduit une robe d'un poison dévorant, et l'envoie à la fiancée qui s'en enveloppe sans défiance ; puis, pendant qu'elle expire au milieu des tortures et aux yeux de Jason infidèle, frénétique et desespérée, pour que la mère ne conserve aucun souvenir de l'amante, elle égorge elle-même ses deux fils et disparaît sur un char traîné par des dragons volans.

A cet endroit du poëme, qui flattait l'orgueil des Corinthiens en rejetant, comme l'avait déjà fait Euripide, l'assassinat des enfans sur leur mère, les applaudissemens et les bravos firent place à des cris et à des trépignemens, au milieu desquels éclatait la voix bruyante des castagnettes, instrumens destinés à exprimer au théâtre le dernier degré d'enthousiasme. Alors ce ne fut plus seulement la couronne d'olivier préparée par le proconsul qui fut décernée au chanteur merveilleux, ce fut une pluie de fleurs et de guirlandes que les femmes arrachaient de leur tête, et jetaient frénétiquement sur le théâtre. Un instant on eût pu craindre que Lucius ne fût étouffé sous les couronnes, comme l'avait été Tarpeïa sous les boucliers sabins ; d'autant plus qu'immobile et en apparence insensible à ce triomphe inouï, il cherchait des yeux, au milieu de ces femmes, celle-là surtout aux yeux de laquelle il était jaloux de triompher. Enfin, il l'aperçut à demi-morte aux bras du vieillard, et, soutenue au milieu de ces belles Corinthiennes, ayant encore sur la tête sa parure de fleurs. Alors il la regarda avec des yeux si tendres, il étendit vers elle des bras si suppliants, qu'Acté porta sa main à sa couronne, la détacha de son front, mais manquant de force pour l'envoyer jusqu'à son amant, la laissa tomber au milieu de l'orchestre, et se jeta en pleurant dans les bras de son père.

Le lendemain, au point du jour, la birème d'or flottait sur les eaux bleues du golfe de Corinthe, légère et magique comme le navire *Argo* ; comme lui elle emportait une autre Médée, infidèle à son père et à son pays : c'était Acté soutenue par Lucius, et qui, pâle et debout sur le couronnement de la poupe, regardait, à travers un voile, s'abaisser graduellement les montagnes du Cythéron, à la base desquelles s'appuie Corinthe. Immobile, l'œil fixe et la bouche entr'ouverte, elle resta ainsi tant qu'elle put voir la ville couronnant la colline, et la citadelle dominant la ville. Puis, lorsque la ville, la première, eut disparu derrière les vagues, lorsque la citadelle, point blanc perdu dans l'espace, balancé quelque temps encore au sommet des flots, se fut effacée comme un alcyon qui plonge dans la mer, un soupir, où s'épuisent toutes les forces de son âme, s'échappa de sa poitrine, ses genoux faiblirent, et elle tomba évanouie aux pieds de Lucius.

VI.

Lorsque la jeune fugitive rouvrit les yeux, elle se trouva dans la chambre principale du navire : Lucius était assis près de son lit et soutenait sa tête pâle et échevelée, tandis que, dans un coin, tranquille et douce comme une gazelle, dormait la tigresse roulée sur un tapis de pourpre brodé d'or. Il était nuit, et à travers l'ouverture du plafond on pouvait apercevoir le beau ciel bleu de l'Ionie tout parsemé d'étoiles. La birème flottait si doucement, qu'on eût dit un immense berceau que la mer complaisante balançait comme fait une nourrice de la couche de son enfant ; enfin, toute la nature assoupie était si calme et si pure, qu'Acté fut tentée de croire un instant qu'elle avait fait un rêve, et qu'elle reposait encore vierge sur le lit virginal de ses jeunes années ; mais Lucius, attentif à son moindre mouvement, s'étant aperçu de son réveil, fit claquer ses doigts, et aussitôt une jeune et belle esclave entra, tenant à la main une baguette de cire brûlante, avec laquelle elle alluma la lampe d'or soutenue par le candélabre de bronze qui s'élevait au pied du lit. Du moment où la jeune fille était entrée, l'œil d'Acté s'était fixé sur elle et l'avait suivie avec une attention croissante : c'est que cette esclave qu'elle voyait pour la première fois ne lui était cependant pas inconnue ; ses traits éveillaient même dans sa mémoire des souvenirs récens, et pourtant il lui était impossible d'appliquer un nom à ce jeune et mélancolique visage ; tant de pensées différentes se heurtaient dans la tête de la pauvre enfant, que, ne pouvant en porter le poids, elle ferma les yeux et laissa retomber son front sur le coussin de son lit. Lucius alors, pensant qu'elle voulait dormir, fit signe à l'esclave de veiller sur son sommeil, et sortit de la chambre. L'esclave, restée seule avec Acté, la regarda un instant avec une expression de tristesse indéfinissable, puis enfin, se couchant sur le tapis de pourpre où était étendue Phœbé, elle se fit un coussin de l'épaule de la tigresse, qui, dérangée dans son sommeil, ouvrit à moitié un œil étincelant et féroce, mais qui, reconnaissant une amie, au lieu de la punir de tant d'audace, effleura deux ou trois fois sa main délicate du bout de sa langue sanguinolente, et se recoucha avec nonchalance, poussant un soupir qui ressemblait à un rugissement.

En ce moment une harmonie délicieuse s'éleva des flancs du navire : c'était ce même chœur qu'Acté avait déjà entendu lorsque la birème aborda au port de Corinthe ; mais cette fois la solitude et le silence de la nuit lui donnaient plus de charmes et plus de mystère encore : bientôt aux voix réunies succéda une seule voix. Lucius chantait une prière à Neptune, et Acté reconnut ces sons vibrans qui la veille au théâtre avaient été réveiller les cordes les plus secrètes de son âme : c'étaient des accens si sonores et si mélodieux, qu'on eût pu croire que les syrènes du cap Palinure étaient venues au devant du vaisseau du nouvel Ulysse. Acté, soumise tout entière à la puissance de cette musique enchantée, rouvrit les yeux lassées, et l'œil fixé sur les étoiles du ciel, elle oublia peu à peu ses remords et ses douleurs pour ne plus penser qu'à son amour. Depuis longtemps déjà les dernières vibrations de la lyre et les dernières cadences de la voix s'étaient éteintes lentement, et comme emportées sur les ailes des génies de l'air, qu'Acté, tout entière à cette mélodie, écoutait encore ; enfin, elle baissa les yeux, et pour la seconde fois son regard rencontra celui de la jeune fille. Comme sa maîtresse, l'esclave semblait être sous l'empire d'un charme ; enfin, les regards des deux femmes se croisèrent, et plus que jamais Acté fut convaincue que ce n'était pas la première fois que cet œil triste laissait tomber sur elle son rayon lumineux et rapide. Acté fit un signe de la main, l'esclave se leva : toutes deux restèrent un instant sans parler ; enfin, Acté rompit la première le silence.

— Quel est ton nom, jeune fille ? lui dit-elle.

— Sabina, répondit l'esclave, et ce seul mot fit tressaillir celle qui l'interrogeait ; car, ainsi que le visage, cette voix ne lui était pas étrangère ; cependant le nom qu'elle avait prononcé n'éveillait en elle aucun souvenir.

— Quelle est ta patrie ? continua Acté.

— Je l'ai quittée si jeune que je n'en ai pas.

— Quel est ton maître ?

— Hier j'étais à Lucius, aujourd'hui je suis à Acté.

— Tu lui appartiens depuis longtemps ?
— Depuis que je me connais.
— Et sans doute tu lui es dévouée ?
— Comme la fille à son père.
— Alors, viens t'asseoir près de moi, et parlons de lui.

Sabina obéit, mais avec une répugnance visible ; Acté, attribuant cette hésitation à la crainte, lui prit la main pour la rassurer : la main de l'esclave était froide comme le marbre ; cependant, cédant au mouvement d'attraction de sa maîtresse, elle se laissa plutôt tomber qu'elle ne s'assit dans le fauteuil que celle-ci lui avait désigné.

— Ne t'ai-je point déjà vue ? continua Acté.
— Je ne crois pas, balbutia l'esclave.
— Au stade, au cirque, au théâtre ?
— Je n'ai point quitté la birème.
— Et tu n'as pas assisté aux triomphes de Lucius ?
— J'y suis habituée.

Un nouveau silence succéda à ces demandes et à ces réponses échangées d'une part avec une curiosité croissante, de l'autre avec une répugnance marquée. Ce sentiment était si visible, qu'Acté ne put s'y tromper.

— Ecoute, Sabina, lui dit-elle, je vois combien il t'en coûte de changer de maître : je dirai à Lucius que tu ne veux pas le quitter.
— N'en fais rien, s'écria l'esclave tremblante, quand Lucius ordonne, il faut lui obéir.
— Sa colère est donc bien à craindre ? continua Acté en souriant.
— Terrible ! répondit l'esclave avec une telle expression de crainte, qu'Acté frissonna malgré elle.
— Et cependant, reprit-elle, ceux qui l'entourent paraissent l'aimer : ce jeune Sporus !
— Sporus ! murmura l'esclave.

En ce moment Acté s'arrêta ; ses souvenirs lui revinrent ; c'était à Sporus que ressemblait Sabina, et cette ressemblance était si parfaite, qu'étonnée de ne l'avoir pas découverte plus tôt, elle saisit les deux mains de la jeune fille, et, la regardant en face :

— Connais-tu Sporus ? lui dit-elle.
— C'est mon frère, balbutia l'enfant...
— Et où est-il ?
— Il est resté à Corinthe.

En ce moment la porte se rouvrit : le jeune Romain parut, et Acté, qui tenait encore les deux mains de Sabina entre les siennes, sentit un frisson courir dans les veines de sa nouvelle esclave : Lucius fixa son œil bleu et perçant sur le groupe étrange qui s'offrait à sa vue, puis, après un instant de silence :

— Ma bien-aimée Acté, lui dit-il, ne veux-tu pas profiter de l'aurore qui se lève pour venir respirer l'air pur du matin ?

Il y avait au fond de cette voix, toute calme et douce qu'elle était à sa surface, quelque chose de vibrant et de métallique, si on peut le dire, qu'Acté remarqua pour la première fois : aussi un sentiment instinctif qui ressemblait à la terreur pénétra-t-il si profondément dans son âme, qu'elle prit cette question pour un commandement, et qu'au lieu de répondre elle obéit ; mais ses forces ne secondèrent pas sa volonté, et elle serait tombée, si Lucius ne se fût élancé vers elle, et ne l'eût soutenue. Elle se sentit enlever alors entre les bras de son amant, avec la même facilité qu'un aigle eût fait d'une colombe, et, tremblante, sans se rendre compte du motif de son effroi, elle se laissa emporter, muette et fermant les yeux, comme si cette course eût dû aboutir à un précipice.

En arrivant sur le pont du bâtiment, elle se sentit renaître, tant la brise était pure et parfumée : d'ailleurs elle n'était plus dans les bras de Lucius ; aussi prit-elle le courage de rouvrir les yeux ; en effet, elle était couchée sur le couronnement de la poupe, dans un filet à mailles d'or, arrêté d'un côté au mât et de l'autre à une petite colonne sculptée qui semblait destinée à servir de support : Lucius, adossé au mât, était debout à côté d'elle.

Pendant la nuit, le vaisseau, favorisé par le vent, était sorti du golfe de Corinthe, et, doublant le cap d'Élis, avait passé entre Zacynthe et Céphalonie : le soleil semblait se lever derrière ces deux îles, et ses premiers rayons illuminaient la crête des montagnes qui les séparent en deux parties, si bien que le versant occidental était encore plongé dans l'ombre. Acté ignorait complètement où elle était, de sorte que, se retournant vers Lucius : — Est-ce encore la Grèce ? dit-elle.

— Oui, dit Lucius, et ce parfum qui vient à nous comme un dernier adieu, c'est celui des roses de Samé et des orangers de Zacinthe : il n'y a pas d'hiver pour ces deux sœurs jumelles, qui s'épanouissent au soleil comme des corbeilles de fleurs. Ma belle Acté veut-elle que je lui fasse bâtir un palais dans chacune de ces îles ?

— Lucius, dit Acté, tu m'effraies parfois en me faisant des promesses qu'un Dieu seul pourrait tenir : qui es-tu donc, et que me caches-tu ? es-tu Jupiter Tonnant ? et crains-tu, en m'apparaissant dans ta splendeur, que ta foudre ne me dévore comme elle a fait de Sémélé.

— Tu te trompes, répondit Lucius en souriant ; je ne suis rien qu'un pauvre chanteur, à qui un oncle a laissé toute sa fortune, à la condition que je porterais son nom ; ma seule puissance est dans mon amour, Acté, mais je sens que, soutenu par lui, j'entreprendrais les douze travaux d'Hercule.

— Tu m'aimes donc ? demanda la jeune fille.
— Oui, mon âme ! dit Lucius.

Et le Romain prononça ces paroles avec un accent si puissant et si vrai, que sa maîtresse tendit les deux mains au ciel comme pour le remercier de son bonheur : car, dans ce moment, elle avait oublié tout : et regrets et remords s'effaçaient de son âme, comme à ses yeux sa patrie qui disparaissait à l'horizon.

Ils voguèrent ainsi pendant six jours, sous un ciel bleu, sur une mer bleue ; le septième, ils aperçurent, sur la proue du vaisseau, la ville de Locri, bâtie par les soldats d'Ajax. Alors, doublant le promontoire d'Hercule, ils entrèrent dans le détroit de Sicile, laissant à leur gauche Messine, l'ancienne Zanclé, au port recourbé comme une faux ; à leur droite Rhégium, à qui Denis le Tyran fit demander sa femme, et qui lui offrit la fille du bourreau ; puis, naviguant directement entre la bouillante Charybde et l'aboyante Scylla, ils saluèrent d'un dernier adieu les flots d'Ionie, et entrèrent dans la mer Tyrrhénienne, éclairée par le volcan de Strongyle, phare éternel de la Méditerranée. Cinq jours encore ils voguèrent, tantôt à la voile, tantôt à la rame, voyant s'élever successivement devant eux Helea, près de laquelle on distinguait encore les ruines du tombeau de Palinure ; Pœstum et ses trois temples, Caprée et ses douze palais. Puis enfin ils entrèrent dans le golfe magnifique au fond duquel s'élevait Neapolis, cette belle fille grecque, esclave affranchie par Rome, nonchalamment couchée au pied de son Vésuve fumant, ayant à sa droite Herculanum, Pompéi et Stabbia qui, vingt ans plus tard devaient disparaître dans leur tombe de lave ; et, à sa gauche, Putéoli et son pont gigantesque, Baïa tant célèbre par Properco, et Baules, que devait bientôt rendre célèbre le parricide de Néron.

A peine Lucius fut-il en vue de la ville, qu'il fit changer les voiles blanches de sa birème contre des voiles de pourpre, et orner son mât d'une branche de laurier : sans doute, ce signal était convenu et annonçait la victoire, car, à peine fut-il arboré, qu'un grand mouvement parut s'effectuer sur le rivage, et que le peuple se précipita au devant du vaisseau olympique ; il entra dans la rade au bruit des instruments, aux chants des matelots, et aux applaudissements de la multitude. Un char attelé de quatre chevaux blancs attendait Lucius ; il y monta, revêtu d'une robe de pourpre, drapé d'une chlamyde bleue étoilée d'or, portant au front la couronne olympique qui était d'olivier, et à la main la couronne pythique qui était de laurier. Puis on fit une brèche aux murs de la ville, et le triomphateur y entra comme un conquérant.

Pendant toute la route, ce furent de pareilles fêtes et de

semblables honneurs. A Fondi, un vieillard de soixante-cinq ans, dont la famille était aussi ancienne que Rome, et qui, après la guerre d'Afrique, avait obtenu l'ovation et trois sacerdoces, lui avait fait préparer des jeux splendides et venait lui-même au devant de lui pour les lui offrir ; cette démarche de la part d'un homme si considérable parut faire grande sensation parmi la suite de Lucius, qui s'augmentait de moment en moment : c'est qu'on racontait d'étranges choses sur ce vieillard. Un de ses aïeux faisait un sacrifice, lorsqu'un aigle s'abattit sur la victime, lui arracha les entrailles et les emporta sur un chêne. Il lui fut prédit alors qu'un de ses descendans serait empereur, et ce descendant, disait-on, c'était Galba ; car un jour qu'il était venu, avec plusieurs jeunes garçons de son âge, saluer Octave, celui-ci, frappé d'une espèce de double vue momentanée, lui avait passé la main sur la joue en disant : — Et toi aussi, mon enfant, tu essaieras de notre puissance. — Livie l'aimait au point qu'elle lui laissa en mourant cinquante millions de sesterces ; mais comme la somme était en chiffres, Tibère la réduisit à cinq cent mille ; et peut être la haine du vieil empereur, qui savait la prédiction de l'oracle, ne se serait-elle pas bornée là, si Thrasyle, son astrologue, ne lui avait dit que c'était dans sa vieillesse seulement que Galba devait régner. — Qu'il vive donc ? avait-il répondu alors, car cela ne m'importe plus. — En effet, Tibère était mort ; Caligula et Claude avaient occupé le trône ; César Néron était empereur ; Galba avait soixante-cinq ans, et rien n'annonçait qu'il touchât à la suprême puissance. Cependant, comme les successeurs de Tibère, plus rapprochés de moment de la prédiction, pouvaient ne pas avoir la même insouciance que lui, Galba portait habituellement, même pendant son sommeil, un poignard suspendu au cou par une chaîne, et ne sortait jamais sans emporter avec lui un million de sesterces en or, pour le cas où il lui faudrait fuir des licteurs ou gagner des assassins.

Le vainqueur passa deux jours chez Galba, au milieu des fêtes et des triomphes ; et là Acté fut témoin d'une précaution qu'elle n'avait jamais vu prendre à Lucius, et dont elle ne pouvait se rendre compte : des soldats, qui étaient venus au devant du triomphateur pour lui servir d'escorte, veillaient la nuit dans les appartemens qui entouraient sa chambre, et, avant de se coucher, son amant prenait le soin étrange de mettre son épée sous le chevet de son lit. Acté n'osait l'interroger ; mais elle sentait instinctivement que quelque péril le menaçait : aussi le priait-elle instamment chaque matin de partir ; enfin, le troisième jour, il quitta Fondi, et, continuant sa route triomphale à travers les villes dont il ébréchait les murailles, il parvint enfin, avec un cortège qui ressemblait plutôt à l'armée d'un satrape qu'à la suite d'un simple vainqueur, à la montagne d'Albano. Arrivée au sommet, Acté jeta un cri de surprise et d'admiration : elle venait, au bout de la voie Appia, de découvrir Rome dans toute son étendue et toute sa splendeur.

C'est qu'en effet Rome se présentait aux regards de la jeune Grecque sous son plus magnifique aspect. La voie Appienne était surnommée la reine des routes, comme étant la plus belle et la plus importante, car, partant de la mer Tyrrhénienne, elle franchissait les Apennins, traversait la Calabre, et allait aboutir à la mer Adriatique. Depuis Albano jusqu'à Rome, elle servait de promenade publique, et, selon l'habitude des anciens qui ne voyaient dans la mort qu'un repos, et qui cherchaient pour leurs cendres les endroits les plus pittoresques et les plus fréquentés, elle était bordée de chaque côté de magnifiques tombeaux, parmi lesquels, pour son antiquité, on réputait celui d'Ascagne ; pour son souvenir héroïque, on honorait celui des Horaces, et pour sa magnificence impériale, on citait celui de Cécilia Métella.

Or, ce jour-là, toute cette magnifique route était couverte de curieux venant au devant de Lucius : les uns montant de brillans équipages attelés de mules d'Espagne, aux harnais de pourpre ; les autres couchés dans des litières que portaient huit esclaves vêtus de magnifiques penulæ et qu'accompagnaient des coureurs aux robes retroussées : ceux-ci précédés de cavaliers numides qui soulevaient la poussière et écartaient la foule sur leur passage : ceux-là lançaient devant eux une troupe de chiens molosses aux colliers à clous d'argent. A peine les premiers eurent-ils aperçu le vainqueur, que leurs cris, répétés de bouche en bouche, volèrent vers les murs de la ville. Au même instant, et sur l'ordre d'un cavalier qui partit au galop, les promeneurs se rangèrent aux deux côtés de la voie qui, large de trente-six pieds, offrit un passage facile au quadrige triomphant qui continua de s'avancer vers la ville. Un mille à peu près avant la porte, un escadron de cavaliers, composé de cinq cents hommes, attendait le cortège et se mit à sa tête. Ils n'avaient pas fait cinquante pas, qu'Acté s'aperçut que les chevaux étaient ferrés en argent, et que les fers, mal assurés, se détachaient et roulaient sur le pavé, de sorte que le peuple, pour les ramasser, se précipitait avidement sous les pieds de ces animaux, au risque d'être écrasé par eux. Arrivé aux portes de la ville, le char victorieux y entra au milieu des acclamations frénétiques de la multitude. Acté ne comprenait rien à cette ivresse, et cependant se laissait entraîner par elle. Elle entendait mêler le nom de César à celui de Lucius. Elle passait sous les arcs de triomphe, au milieu de rues jonchées de fleurs et embaumées d'encens. A chaque carrefour, des sacrificateurs immolaient des victimes aux autels des Lares de la patrie. Elle traversait les plus magnifiques quartiers de la ville ; le grand cirque dont on avait abattu trois arcades, le Velabre et le Forum ; enfin, joignant la voie Sacrée, le cortège commença de gravir le Capitole et ne s'arrêta qu'en face du temple de Jupiter.

Alors Lucius descendit de son char et monta les escaliers qui conduisaient au temple. Les Flamines l'attendaient aux portes, et l'accompagnèrent jusqu'au pied de la statue. Arrivé là, il déposa les trophées de sa victoire sur les genoux du dieu, et, prenant un stylet, il écrivit, sur une plaque d'or massif que lui présenta le grand-prêtre, l'inscription suivante :

Lucius-Domitius-Claudius Néron, vainqueur à la lutte, à la course et au chant, a consacré ces trois couronnes à Jupiter, très bon et très grand.

Au milieu des acclamations qui s'élevèrent aussitôt de tous côtés, un cri de terreur se fit entendre : Acté venait de reconnaître que le pauvre chanteur qu'elle avait suivi comme amant n'était autre que César lui-même.

VII.

Cependant, au milieu de l'ivresse de son triomphe, l'empereur n'avait point oublié Acté. La jeune Grecque n'était point encore revenue de la surprise mêlée d'épouvante que lui avaient causée le nom et le titre de son amant, lorsqu'elle vit s'approcher d'elle deux esclaves liburniens qui, de la part de Néron, l'invitèrent respectueusement à les suivre. Acté obéit machinalement, ignorant où on la conduisait, ne pensant pas même à le demander, tant elle était abîmée dans cette idée terrible qu'elle était la maîtresse de cet homme dont elle n'avait jamais entendu prononcer le nom qu'avec terreur. Au bas du Capitole, entre le Tabularium et le temple de la Concorde, elle trouva une litière magnifique portée par six esclaves égyptiens, la poitrine ornée de plaques d'argent poli en forme de croissant, les bras et les jambes entourés d'anneaux du même métal, et, assise près de la litière, Sabina, qu'elle avait perdue un instant de vue au milieu du triomphe, et qu'elle retrouvait là justement comme pour compléter tous ses souvenirs. Acté monta dans la litière, s'y coucha sur des coussins de soie, et s'avança vers le Palatin, accompagnée par Sabina qui, la suivant à pied, marchait à côté d'elle et dirigeait sur sa maîtresse l'ombre d'un grand éventail en plumes de paon, fixé au bout d'un roseau des Indes. Pendant trois cents pas à peu près, la litière suivit sur la voie Sacrée le même chemin qu'Acté avait parcouru à la suite de César ; puis bientôt, prenant à droite, elle passa entre le temple de Phœbé et celui de Jupiter-Stator, monta quelques degrés qui conduisaient au Palatin, puis, arrivée sur le magnifique plateau qui couronne la montagne, elle la côtoya un instant du côté qui dominait la rue Suburanne et la Via-Nova ; enfin, arrivée en face de la fontaine Juturne, elle s'arrêta sur le seuil d'une petite maison isolée, et aussitôt les deux Liburniens apportèrent à chaque côté de la litière un marche-pied couvert d'un tapis de pourpre; afin que celle que l'empereur venait de leur donner pour maîtresse ne prît pas même la peine d'indiquer d'un signe le côté par lequel elle désirait de descendre.

Acté était attendue, car la porte s'ouvrit à son approche, et, lorsqu'elle l'eût franchie, se referma derrière elle sans qu'elle vît la personne chargée des fonctions de janitor. Sabina l'accompagnait seule, et, sans doute pensant qu'après une route longue et fatigante le premier désir de sa maîtresse devait être celui de se mettre au bain, elle la conduisit à l'*apodyterium*, chambre que l'on appelait ainsi d'un verbe grec qui signifie dépouiller ; mais, arrivée là, Acté, tout émue et toute préoccupée encore de cette fatalité étrange qui l'avait entraînée à la suite du maître du monde, s'assit sur le banc qui régnait à l'entour de la salle, en faisant à Sabina signe d'attendre un instant. Mais à peine était-elle plongée dans ses rêveries, que, comme si le maître invisible et puissant qu'elle s'était choisi avait craint qu'elle ne s'y abandonnât, une musique douce et sonore se fit entendre, sans qu'on pût préciser l'endroit d'où elle partait : en effet, les musiciens étaient disposés de manière que toute la chambre fût ceinte d'harmonie. Sans doute Néron, qui avait remarqué l'influence que prenaient sur la jeune Grecque ces sons mystérieux, dont plusieurs fois dans la traversée il avait été à même de suivre les effets, avait ordonné d'avance cette distraction à des souvenirs dont il désirait de combattre la puissance. Si telle avait été sa pensée, il ne fut point trompé dans son attente ; car à peine la jeune fille eut-elle entendu ces accords, qu'elle releva doucement la tête, que les pleurs qui coulaient sur ses joues s'arrêtèrent, et qu'une dernière larme, s'échappant de ses yeux, trembla à l'une de ses longs cils comme une goutte de rosée aux pistils d'une fleur, et, comme la rosée aux rayons du soleil, sembla bientôt se sécher au feu du regard qu'elle avait obscurci ; en même temps, une vive teinte de pourpre reparut sur ses lèvres pâlies et entr'ouvertes comme pour un sourire ou pour un baiser.

Alors Sabina s'approcha de sa maîtresse, qui, au lieu de se défendre davantage, l'aida elle-même à détacher ses vêtemens qui, les uns après les autres, tombèrent à ses pieds, la laissant nue et rougissante, comme la Vénus pudique : c'était une beauté si parfaite et si virginale qui venait de se dévoiler, que l'esclave elle-même sembla rester en extase devant elle, et que, lors qu'Acté, pour s'avancer vers la seconde chambre, posa la main sur son épaule nue, elle la sentit frémir par tout le corps et vit les joues pâles de Sabina se couvrir un instant au bout de ses longs cils comme si une flamme l'eût touchée. A cette vue, Acté s'arrêta, craignant d'avoir fait mal à sa jeune suivante ; mais celle-ci, devinant le motif de son hésitation, lui saisit aussitôt la main qu'elle avait soulevée, et, l'appuyant de nouveau sur son épaule, elle entra avec elle dans le *tepidarium*.

C'était une vaste chambre carrée, au milieu de laquelle s'étendait un bassin d'eau tiède pareil à un lac ; de jeunes esclaves, la tête couronnée de roseaux, de narcisses et de nymphæas, se jouaient à sa surface comme une troupe de naïades, et à peine eurent-elles aperçu Acté, qu'elles poussèrent vers le bord le plus proche d'elle une conque d'ivoire incrustée de corail et de nacre. C'était une suite d'enchantemens si rapides, qu'Acté s'y laissait aller comme à un songe. Elle s'assit donc sur cette barque fragile, et, en un instant, comme Vénus entourée de sa cour marine, elle se trouva au milieu de l'eau.

Alors cette délicieuse musique qui l'avait déjà charmée se fit entendre de nouveau ; bientôt les voix des naïades se mêlèrent à ces accens : elles disaient la fable d'Hylas allant puiser de l'eau sur les rivages de la Troade, et, comme les nymphes du fleuve Ascanius appelaient le favori d'Hercule du geste et de la voix, elles tendaient les bras à Acté, et l'invitaient, en chantant, à descendre au milieu d'elles. Les jeux de l'onde étaient familiers à la jeune Grecque ; mille fois avec ses compagnes elle avait traversé à la nage le golfe de Corinthe ; aussi s'élança-t-elle sans hésitation au milieu de cette mer tiède et parfumée, où ses esclaves la reçurent comme leur reine.

C'étaient toutes des jeunes filles choisies parmi les plus belles ; les unes avaient été enlevées au Caucase, les autres à la Gaule ; celles-ci venaient de l'Inde, celles-là d'Espagne ; et cependant, au milieu de cette troupe d'élite choisie par l'amour pour la volupté, Acté semblait une déesse. Au bout d'un instant, lorsqu'elle eut glissé sur la surface de l'eau comme une syrène, lorsqu'elle eut plongé comme une naïade, lorsqu'elle se fut roulée dans ce lac factice, avec la souplesse et la grâce d'un serpent, elle s'aperçut que Sabina manquait à sa cour marine, et, la cherchant des yeux, elle l'aperçut assise et se cachant la tête dans sa rica. Familière et rieuse comme un enfant, elle l'appela : Sabina tressaillit et souleva le manteau qui lui voilait le visage ; alors, avec des rires d'une expression étrange et qu'Acté ne put comprendre, d'une voix folle et railleuse, ces femmes appelèrent toutes ensembles Sabina, sortant à moitié de l'eau pour l'inviter du geste à venir les joindre. Un instant la jeune esclave parut prête à obéir à cet appel ; quelque chose de bizarre se passait dans son âme : ses yeux étaient ardens, sa figure brûlante ; et cependant des larmes coulaient de ses paupières et se séchaient sur ses joues ; mais, au lieu de céder à ce qui était visiblement son désir, Sabina s'élança vers la porte, comme pour se soustraire à cette voluptueuse magie ; ce mouvement ne fut pas si rapide, cependant, qu'Acté n'eût le temps de sortir de l'eau et de lui barrer le passage au milieu des rires de toutes les esclaves ; alors Sabina parut près de s'évanouir ; ses genoux tremblèrent, une sueur froide coula de son front, enfin, elle pâlit si visiblement, qu'Acté, craignant qu'elle ne tombât, étendit les bras vers elle et la reçut sur sa poitrine nue ; mais aussitôt elle la repoussa en jetant un léger cri de douleur. Dans le paroxisme étrange dont l'esclave était agitée, sa bouche avait touché l'épaule de sa maîtresse et y avait imprimé une ardente morsure ; puis aussitôt, épouvantée de ce qu'elle avait fait, elle s'était élancée hors de la chambre.

Au cri poussé par Acté, les esclaves étaient accourues et s'étaient groupées autour de leur maîtresse ; mais celle-ci, tremblant que Sabina ne fût punie, avait été la première à renfermer sa douleur, et essuyant, en s'efforçant de sourire, une ou deux gouttes de sang qui roulaient sur sa poitrine, pareilles à du corail liquide : l'accident était du reste trop léger pour causer à Acté une autre impression que celle de l'étonnement ; aussi s'avança-t-elle vers la chambre voisine où devait se compléter le bain, et qu'on appelait le *caldarium*.

C'était une petite salle circulaire, entourée de gradins et garnie tout à l'entour de niches étroites contenant chacune un siége ; un réservoir d'eau bouillante occupait le milieu de la chambre et formait une vapeur aussi épaisse que celle qui, le matin, court à la surface d'un lac ; seulement, ce brouillard enflammé était échauffé encore par un fourneau extérieur, dont les flammes circulaient dans les tuyaux qui enveloppaient le *caldarium* de leurs bras rougis, et couraient le long des parois extérieures, comme le lierre contre une muraille.

Lorsqu'Acté, qui n'avait point encore l'habitude de ces bains connus et pratiqués à Rome seulement, entra dans cette chambre, elle fut tellement saisie par les flots de la vapeur qui roulaient comme des nuages, qu'halètante et sans voix, elle étendit les bras et voulut appeler au secours; mais elle ne put que jeter des cris inarticulés et éclater en sanglots; elle tenta alors de s'élancer vers la porte; mais retenue dans les bras de ses esclaves, elle e renversa en arrière en faisant signe qu'elle étouffait. Aussitôt une de ses femmes tira une chaîne, et un bouclier d'or qui fermait le plafond s'ouvrit comme une soupape et laissa pénétrer un courant d'air extérieur au milieu de cette atmosphère qui allait cesser d'être respirable : ce fut la vie; Acté sentit sa poitrine se dilater, une faiblesse douce et pleine de langueur s'empara d'elle; elle se laissa conduire vers un des sièges et s'assit, commençant déjà à supporter avec plus de force cette température incandescente, qui semblait, au lieu du sang, faire courir dans ses veines une flamme liquide; enfin, la vapeur devint de nouveau si épaisse et si brûlante, que l'on fut obligé d'avoir recours une seconde fois au bouclier d'or, et alors l'air extérieur descendit sur les baigneuses un tel sentiment de bien-être, que la jeune Grecque commença à comprendre le fanatisme des dames romaines pour ce genre de bain qui, jusqu'alors, lui avait été inconnu, et qu'elle avait commencé par regarder comme un supplice. Au bout d'un instant la vapeur avait repris de nouveau son intensité; mais cette fois, au lieu de lui ouvrir un passage, on la laissa se condenser au point qu'Acté se sentit de nouveau près de défaillir; alors deux de ses femmes s'approchèrent avec un manteau de laine écarlate dont elles lui enveloppèrent entièrement le corps, et, la soulevant dans leurs bras à moitié évanouie, elles la transportèrent sur un lit de repos placé dans une chambre chauffée à une température ordinaire.

Là commença pour Acté une nouvelle opération aussi étrange, mais déjà moins imprévue et moins douloureuse que celle du *caldarium*! Ce fut le massage, cette voluptueuse habitude que les Orientaux ont empruntée aux Romains et conservée jusqu'à nos jours. Deux nouvelles esclaves, habiles à cet exercice, commencèrent à la presser et à la pétrir jusqu'à ce que ses membres fussent devenus souples et flexibles; alors elles lui firent craquer les unes après les autres toutes les articulations, sans douleur et sans effort; après quoi, prenant dans de petites ampoules de corne de rhinocéros de l'huile et des essences parfumées, elles lui en frottèrent tout le corps, puis elles l'essuyèrent d'abord avec une laine fine, ensuite avec la mousseline la plus douce d'Egypte, enfin avec des peaux de cygnes dont on avait arraché les plumes, et auxquelles on n'avait laissé que le duvet.

Pendant tout le temps qu'avait duré ce complément de sa toilette, Acté était restée les yeux à demi-fermés, plongée dans une extase langoureuse, sans voix et sans pensées, en proie à une somnolence douce et bizarre, qui lui laissait seulement la force de sentir une plénitude d'existence inconnue jusqu'alors. Non-seulement sa poitrine s'était dilatée, mais encore à chaque aspiration il lui semblait que la vie affluait en elle par tous ses pores. C'était une impression physique si puissante et si absolue, que non-seulement elle put effacer les souvenirs passés, mais encore combattre les douleurs présentes : dans une pareille situation, il était impossible de croire au malheur, et la vie se présentait à l'esprit de la jeune fille comme une suite d'émotions douces et charmantes, échelonnées sans formes palpables dans un horizon vague et merveilleux !

Au milieu de ce demi-sommeil magnétique, de cette rêverie sans pensées, Acté entendit s'ouvrir une porte de la chambre au fond de laquelle elle était couchée; mais comme, dans l'état bizarre où elle se trouvait, tout mouvement lui semblait une fatigue, elle ne se retourna même point, pensant que c'était quelqu'une de ses esclaves qui entrait; elle demeura donc les yeux à demi-ouverts, écoutant venir vers son lit des pas lents et mesurés, et enfin chacun, chose étrange, paraissait, à mesure qu'ils s'approchaient, retentir en elle-même; alors elle fit avec effort un mouvement de tête, et, dirigeant son regard du côté du bruit, elle vit s'avancer, majestueuse et lente, une femme

entièrement revêtue du costume des matrones romaines, et couverte d'une longue stole qui descendait de sa tête jusqu'à ses talons : arrivée près du lit, cette espèce d'apparition s'arrêta, et la jeune fille sentit se fixer sur elle un regard profond et investigateur, auquel, comme à celui d'une devineresse, il lui eût semblé impossible de rien cacher. La femme inconnue la regarda ainsi un instant en silence, puis d'une voix basse, mais sonore cependant, et dont chaque parole pénétrait, comme la lame glacée d'un poignard, jusqu'au cœur de celle à qui elle s'adressait : — Tu es, lui dit-elle, la jeune Corinthienne qui a quitté ta patrie et ton père pour suivre l'empereur, n'est-ce pas?

Toute la vie d'Acté, bonheur et désespoir, passé et avenir, était renfermée dans ces quelques paroles, de sorte qu'elle se sentit inonder tout à coup comme d'un flux de souvenirs; son existence de jeune fille cueillant des fleurs sur les rives de la fontaine Pyrène ; le désespoir de son vieux père lorsque le lendemain des jeux il l'avait appelée en vain; son arrivée à Rome où s'était révélé à elle le terrible secret que lui avait caché son illustre et jeune amant; tout cela reparut vivant derrière le voile enchanté que soulevait le bras glacé de cette femme. Acté jeta un cri, et couvrant sa figure avec ses deux mains : — Oh ! oui, oui, s'écria-t-elle avec des sanglots, oui, je suis cette malheureuse !...

Un moment de silence succéda à cette demande et à cette réponse, moment pendant lequel Acté n'osa point rouvrir les yeux, car elle devinait que le regard dominateur de cette femme continuait de peser sur elle : enfin, elle sentit que l'inconnue lui prenait la main dont elle s'était voilé le visage, et croyant deviner dans son étreinte, toute froide et indécise qu'elle était, plus de pitié que de menace, elle se hasarda à soulever sa paupière mouillée de larmes. La femme inconnue la regardait toujours.

— Ecoute, continua-t-elle avec ce même accent sonore, mais cependant plus doux, le destin a d'étranges mystères; il remet parfois aux mains d'un enfant le bonheur ou l'adversité d'un empire : au lieu d'être envoyée par la colère des dieux, peut-être es-tu choisie par leur clémence.

— Oh ! s'écria Acté, je suis coupable, mais coupable d'amour et voilà tout; je n'ai pas dans le cœur un sentiment mauvais et, ne pouvant plus être heureuse, je voudrais du moins voir tout le monde heureux !... Mais je suis bien isolée, bien faible et bien impuissante. Indique-moi ce que je puis faire et je le ferai !...

— D'abord, connais-tu celui auquel tu as confié ta destinée?

— Depuis ce matin seulement je sais que Lucius et Néron ne sont qu'un même homme, et que mon amant est l'empereur. Fille de la Grèce antique, j'ai été séduite par la beauté, par l'adresse, par la mélodie. J'ai suivi le vainqueur des jeux ; j'ignorais que ce fût le maître du monde!...

— Et maintenant, reprit l'étrangère avec un regard plus fixe et une voix plus vibrante encore, tu sais que c'est Néron ; mais sais-tu ce que c'est que Néron?

— J'ai été habituée à le regarder comme un dieu, répondit Acté.

— Eh bien, continua l'inconnue en s'asseyant, je vais te dire ce qu'il est, car c'est bien le moins que la maîtresse connaisse le maître, et l'esclave le maître.

— Que vais-je entendre? murmura la jeune fille.

— Lucius était né loin du trône : il s'en rapprocha par une alliance, il y monta par un crime.

— Ce ne fut pas lui qui le commit, s'écria Acté.

— Ce fut lui qui en profita, répondit froidement l'inconnue. D'ailleurs, la tempête qui avait abattu l'arbre avait respecté le rejeton. Mais le fils alla bientôt rejoindre le père : Britannicus se coucha près de Claude, et cette fois-ci, ce fut bien Néron qui fut le meurtrier.

— Oh ! qui peut dire cela ? s'écria Acté ; qui peut porter cette terrible accusation?

— Tu doutes, jeune fille? continua la femme inconnue. Et, comme son accent changeait d'expression, veux-tu savoir comment la chose se fit? Je vais te le dire. Un jour que,

dans une chambre voisine de celle où se tenait la cour d'Agrippine, Néron jouait avec de jeunes enfans, et que parmi ceux-ci jouait aussi Britannicus, il lui ordonna d'entrer dans la chambre du repas et de chanter des vers aux convives, croyant intimider l'enfant et lui attirer les rires et les huées de ses courtisans. Britannicus reçut l'ordre et y obéit : il entra vêtu de blanc dans la salle du *triclinium*, et, s'avançant pâle et triste au milieu de l'orgie, d'une voix émue et les larmes dans les yeux, il chanta ces vers qu'Ennius, notre vieux poëte, met dans la bouche d'Astyanax :
— « O mon père ! ô ma patrie ! ô maison de Priam ! palais
» superbe ! temple aux gonds retentissans ! aux lambris
» resplendissans d'or et d'ivoire !... je vous ai vus tomber
» sous une main barbare, je vous ai vus devenir la proie
» des flammes ! » et soudain le rire s'arrêta pour faire place aux larmes, et, si effrontée que fût l'orgie, elle se tut devant l'innocence et la douleur. Alors tout fut dit pour Britannicus. Il y avait dans les prisons de Rome une empoisonneuse célèbre et renommée pour ses crimes ; Néron fit venir le tribun Pollio Julius qui était chargé de la garder, car il hésitait encore, lui empereur, à parler à cette femme. Le lendemain Pollio Julius lui apporta le poison, qui fut versé dans la coupe de Britannicus par ses instituteurs eux-mêmes ; mais, soit crainte, soit pitié, les meurtriers avaient reculé devant le crime : le breuvage ne fut pas mortel : alors Néron lui-même, entends-tu bien ! Néron le dieu, comme tu l'appelais tout à l'heure, fit venir les empoisonneurs dans son palais, dans sa chambre, devant l'autel des dieux protecteurs du foyer, et là, là, il fit composer le poison. On l'essaya sur un bouc qui vécut encore cinq heures, pendant lesquelles on fit cuire et réduire la potion, puis on la fit avaler à un sanglier qui expira à l'instant même !... Alors Néron passa dans le bain, se parfuma, et mit une robe blanche ; puis il vint s'asseoir, le sourire sur les lèvres, à la table voisine de celle où dînait Britannicus.
— Mais, interrompit Acté d'une voix tremblante, mais si Britannicus fut réellement empoisonné, comment se fait-il que l'esclave dégustateur n'éprouva point les effets du poison ? Britannicus, dit-on, était atteint d'épilepsie depuis son enfance, et peut-être qu'un de ces accès...
— Oui, oui, voilà ce que dit Néron !... et c'est en ceci qu'éclata son infernale prudence. — Oui, toutes les boissons, tous les mets que touchait Britannicus étaient dégustés auparavant ; mais on lui présenta un breuvage si chaud que l'esclave put bien le goûter, mais que l'enfant ne put le boire ; alors on versa de l'eau froide dans le verre, et c'est dans cette eau froide qu'était le poison. Oh ! poison rapide et habilement préparé, car Britannicus, sans jeter un cri, sans pousser une plainte, ferma les yeux et se renversa en arrière. — Quelques imprudens s'enfuirent !... mais les plus adroits demeurèrent, tremblans et pâles, et devinant tout. — Quant à Néron, qui chantait à ce moment, il se pencha sur son lit, et, regardant Britannicus :
— Ce n'est rien, dit-il, dans un instant la vue et le sentiment lui reviendront. — Et il continua de chanter. — Et cependant, il avait pourvu d'avance aux apprêts funéraires, un bûcher était dressé dans le Champ-de-Mars ; et, la même nuit, le cadavre, tout marbré de taches violettes, y fut porté. Mais, comme si les dieux refusaient d'être complices du fratricide, trois fois la pluie qui tombait par torrens éteignit le bûcher ! Alors Néron fit couvrir le corps de poix et de résine ; une quatrième tentative fut faite, et cette fois le feu, en consumant le cadavre, sembla porter au ciel, sur une colonne ardente, l'esprit irrité de Britannicus !
— Mais Burrhus ! mais Sénèque !...— s'écria Acté.
— Burrhus ! Sénèque ! reprit avec amertume la femme inconnue ; on leur mit de l'argent plein les mains, de l'or plein la bouche, et ils se turent !...
— Hélas ! hélas ! murmura Acté.
— De ce jour, continua celle à qui tous ces secrets terribles semblaient être familiers, de ce jour Néron fut le noble fils des Ænobarbus, le digne descendant de cette race à la barbe de cuivre, au visage de fer et au cœur de plomb : de ce jour, il répudia Octavie, à qui il devait l'empire, l'exila dans la Campanie, où il la fit garder à vue, et, livré entièrement aux cochers, aux histrions et aux courtisanes, il commença cette vie de débauches et d'orgies qui depuis deux ans épouvante Rome. — Car celui que tu aimes, jeune fille, ton beau vainqueur olympique, celui que tout le monde appelle son empereur, celui que les courtisans adorent comme un dieu, lorsque la nuit est venue, sort de son palais déguisé en esclave, et, la tête coiffée d'un bonnet d'affranchi, court, soit au pont Milvius, soit dans quelque taverne de la Suburrane, et là, au milieu des libertins et des prostituées, des portefaix, des bateleurs, au son des cymbales d'un prêtre de Cybèle ou de la flûte d'une courtisane, le divin César chante ses exploits guerriers et amoureux ; puis, à la tête de cette troupe chaude de vin et de luxure, parcourt les rues de la ville, insultant les femmes, frappant les passans, pillant les maisons, jusqu'à ce qu'il rentre enfin au palais d'or, rapportant parfois sur son visage les traces honteuses qu'y a laissées le bâton infâme de quelque vengeur inconnu.
— Impossible ! impossible ! s'écria Acté, tu le calomnies !
— Tu te trompes, jeune fille, je dis à peine la vérité.
— Mais comment ne le punit-il pas de révéler de pareils secrets ?
— Cela pourra bien m'arriver un jour, et je m'y attends.
— Pourquoi alors t'exposes-tu ainsi à sa vengeance ?...
— Parce que je suis peut-être la seule qui ne puisse pas la fuir.
— Mais qui donc es-tu ?
— Sa mère !
— Agrippine ! s'écria Acté, s'élançant hors du lit et tombant à genoux, Agrippine ! la fille de Germanicus !... sœur, veuve et mère d'empereurs !... Agrippine debout devant moi, pauvre fille de la Grèce ! — Oh ! que me veux-tu ? — Parle, commande, et je t'obéirai. — A moins cependant que tu ne m'ordonnes de cesser de l'aimer ! car, malgré tout ce que tu m'as dit, je l'aime toujours. — Mais alors je puis, sinon obéir encore, du moins mourir.
— Au contraire, enfant, reprit Agrippine, continue d'aimer César de cet amour immense et dévoué que tu avais pour Lucius, car c'est dans cet amour qu'est tout mon espoir, car il ne faut rien moins que la pureté de l'une pour combattre la corruption de l'autre.
— De l'autre ! s'écria la jeune fille avec terreur. César en aime-t-il donc une autre ?
— Tu ignores cela, enfant ?
— Eh ! savais-je quelque chose !... Quand j'ai suivi Lucius, me suis-je informée de César ? Que me faisait l'empereur, à moi ? — C'était un simple artiste que j'aimais, à qui j'offrais ma vie, croyant qu'il pouvait me donner la sienne ! Mais quelle est donc cette femme ?...
— Une fille qui a renié son père, — une épouse qui a trahi son époux !...— une femme fatalement belle, à qui les dieux ont tout donné, excepté un cœur : — Sabina Poppæa.
— Oh ! oui, oui, j'ai entendu prononcer ce nom. — J'ai entendu raconter cette histoire, quand j'ignorais qu'elle deviendrait la mienne. — Mon père, ne sachant pas que j'étais là, la disait tout bas à un autre vieillard, et ils en rougissaient tous deux ! Cette femme n'avait-elle pas quitté Crispinus, son époux, pour suivre Othon, son amant ?... Et son amant, à la suite d'un dîner, ne le vendit-il pas à César pour le gouvernement de la Lusitanie ?
— C'est cela ! c'est cela ! s'écria Agrippine.
— Et il l'aime !... il l'aime encore ! murmura douloureusement Acté.
— Oui, reprit Agrippine, avec l'accent de la haine, oui, il l'aime encore, oui, il l'aime toujours, car il y a là-dessous quelque mystère, quelque philtre, quelque hippomane maudit, comme celui qui fut donné par Césonie à Caligula !...

— Justes dieux! s'écria Acté, suis-je assez punie? suis-je assez malheureuse!...
— Moins malheureuse et moins punie que moi, reprit Agrippine, car tu étais libre de ne pas le prendre pour amant, et moi, les dieux me l'ont imposé pour fils. Eh bien! comprends-tu maintenant ce qui te reste à faire?
— A m'éloigner de lui, à ne plus le revoir.
— Garde-t'en bien, enfant. — On dit qu'il l'aime.
— Le dit-on? est-ce vrai? le croyez-vous?
— Oui.
— Oh! soyez bénie!
— Eh bien! il faut donner une volonté, un but, un résultat à cet amour; il faut éloigner de lui ce génie infernal qui le perd, et tu sauveras Rome, l'empereur, et peut-être moi-même.
— Toi-même. — Crois-tu donc qu'il oserait...?
— Néron ose tout!...
— Mais je suis insuffisante à un tel projet, moi!...
— Tu es peut-être la seule femme assez pure pour l'accomplir.
— Oh! non, non! mieux vaut que je parte!... que je ne le revoie jamais!
— Le divin empereur fait demander Acté, dit d'une voix douce un jeune esclave qui venait d'ouvrir la porte.
— Sporus! s'écria Acté avec étonnement.
— Sporus! murmura Agrippine en se couvrant la tête de sa stole.
— César attend, reprit l'esclave après un moment de silence.
— Va donc! dit Agrippine.
— Je te suis, dit Acté.

VIII.

Acté prit un voile et un manteau, et suivit Sporus. Après quelques détours dans le palais, que celle qui l'habitait n'avait pas encore eu le temps de parcourir, son conducteur ouvrit une porte avec une clef d'or, qu'il remit ensuite à la jeune Grecque, afin qu'elle pût revenir seule; et ils se trouvèrent dans les jardins de la maison dorée.

Acté se crut hors de la ville, tant l'horizon était étendu et magnifique. A travers les arbres, elle apercevait une pièce d'eau grande comme un lac, et de l'autre côté de ce lac, au dessus d'arbres touffus, dans un lointain bleuâtre, argentée par la lumière de la lune, la colonnade d'un palais. L'air était pur; pas un nuage ne tachait l'azur limpide du ciel; le lac semblait un vaste miroir, et les derniers bruits de Rome près de s'endormir s'éteignaient dans l'espace. Sporus et la jeune fille, vêtus de blanc tous deux, et marchant en silence au milieu de ce paysage splendide, semblaient deux ombres errantes dans les Champs-Élysées. Aux bords du lac et sur les vastes pelouses qui bordaient les forêts, paissaient, comme dans les solitudes de l'Afrique, des troupeaux de gazelles sauvages; tandis que sur des ruines factices, qui leur rappelaient de leur antique patrie, de longs oiseaux blancs, aux ailes de flamme, se tenaient gravement debout et immobiles comme des sentinelles, et, comme des sentinelles, faisaient entendre de temps en temps et à intervalles égaux un cri rauque et monotone. Arrivé au bord du lac, Sporus descendit dans une barque et fit signe à Acté de le suivre; puis, déployant une petite voile de pourpre, ils commencèrent à glisser, comme par magie, sur cette eau à la surface de laquelle venaient étinceler les écailles d'or des poissons les plus rares de la mer des Indes. Cette navigation nocturne rappela à Acté son voyage sur la mer d'Ionie; et, les yeux fixés sur l'esclave, elle s'étonnait de nouveau de cette merveilleuse ressemblance entre le frère et la sœur, qui l'avait déjà frappée dans Sabina, et qui la frappait de nouveau dans Sporus. Quant au jeune homme, ses yeux baissés et timides semblaient fuir ceux de son ancienne hôtesse; et, pilote silencieux, il dirigeait la barque sans laisser échapper une seule parole. Enfin Acté rompit la première le silence, et d'une voix qui, quelque douce qu'elle fût, fit tressaillir celui auquel elle s'adressait:

— Sabina m'avait dit que tu étais resté à Corinthe, Sporus, lui dit-elle; Sabina m'avait donc trompée?
— Sabina t'avait dit la vérité, maîtresse, répondit l'esclave; mais je n'ai pu demeurer longtemps éloigné de Lucius. Un vaisseau faisait voile pour la Calabre, je m'y suis embarqué; et comme, au lieu de tourner par le détroit de Messine, il a abordé directement à Brindes, j'ai suivi la voie Appienne, et, quoique parti deux jours après l'empereur, je suis arrivé en même temps que lui à Rome.
— Et Sabina a sans doute été bien heureuse de te revoir; car vous devez vous aimer beaucoup?
— Oui, sans doute, dit Sporus, car non-seulement nous sommes frère et sœur, mais encore jumeaux.
— Eh bien! dis à Sabina que je veux lui parler, et qu'elle vienne me trouver demain matin.
— Sabina n'est plus à Rome, répondit Sporus.
— Et pourquoi l'a-t-elle quittée?
— Tel était la volonté du divin César.
— Et où est-elle allée?
— Je l'ignore.

Il y avait dans la voix de l'esclave, toute respectueuse qu'elle était, un accent d'hésitation et de gêne qui empêcha Acté de lui faire de nouvelles questions; d'ailleurs, au même moment, la barque touchait le bord du lac, et Sporus, après l'avoir tirée sur le rivage, et voyant Acté descendue à terre, s'était remis en marche. La jeune Grecque le suivit de nouveau, silencieuse, mais pressant le pas, car elle entrait en ce moment sous un bois de pins et de sycomores, dont les branches touffues rendaient la nuit si épaisse, que, quoiqu'elle sût parfaitement qu'elle n'avait aucune aide à attendre de son conducteur, un mouvement instinctif de crainte la rapprochait de lui. En effet, depuis quelques instants, un bruit plaintif, qui semblait sortir des entrailles de la terre, était, à de courts intervalles, parvenu jusqu'à elle; enfin un cri distinct et humainement articulé se fit entendre: la jeune fille tressaillit, et, mettant la main avec effroi sur l'épaule de Sporus:

— Qu'est ceci? dit-elle.
— Rien, répondit l'esclave.
— Mais cependant il m'a semblé entendre... continua Acté.
— Un gémissement. Oui, nous passons près des prisons.
— Et ces prisonniers, quels sont-ils?
— Ce sont des chrétiens réservés au cirque.

Acté continua sa route en pressant le pas; car, en passant devant un soupirail, elle venait effectivement de reconnaître les notes les plus plaintives et les plus douloureuses de la voix humaine, et, quoique ces chrétiens lui eussent été présentés, toutes les fois qu'elle en entendait parler comme une secte coupable et impie, se livrant à toutes sortes de débauches, elle éprouvait cette douleur sympathique que l'on ressent, fussent-ils coupables, pour ceux qui doivent mourir d'une mort affreuse. Elle se hâta donc de sortir du bois fatal, et, arrivée sur sa lisière, elle vit le palais illuminé, elle entendit le bruit des instruments, et, la lumière et la mélodie succédant aux ténèbres et aux plaintes, elle entra d'un pied plus sûr, et cependant moins rapide, sous le vestibule.

Là, Acté s'arrêta un instant, éblouie. Jamais, dans ses songes, l'imagination féerique d'un enfant n'aurait pu rêver une telle magnificence. Ce vestibule, tout resplendissant de bronze, d'ivoire et d'or, était si vaste, qu'une triple rangée de colonnes l'entourait, composant des portiques de mille pas de longueur, et si élevés, qu'au milieu était placée une statue haute de cent vingt pieds, sculptée par Zénodoro, et représentant le divin empereur debout et dans l'attitude d'un dieu. Acté passa en frissonnant près de cette statue. Qu'était-ce donc que le pouvoir effroyable de cet homme qui se faisait sculpter des images trois fois plus hautes que celles du Jupiter Olympien; qui avait pour ses promenades des jardins et des étangs qui ressemblaient à des forêts et des lacs; et pour ses délassemens et ses plaisirs des captifs qu'on jetait aux tigres et aux lions? Dans ce palais, toutes les lois de la vie humaine étaient interverties; un geste, un signe, un coup d'œil de cet homme, et tout était dit : un individu, une famille, un peuple disparaissaient de la surface de la terre, et cela sans qu'un souffle s'opposât à l'exécution de cette volonté, sans qu'on entendît une autre plainte que les cris de ceux qui mouraient, sans que rien fût ébranlé dans l'ordre de la nature, sans que le soleil se voilât, sans que la foudre annonçât qu'il y eût un ciel au dessus des hommes, des dieux au dessus des empereurs !

Ce fut donc avec un sentiment de crainte profonde et terrible qu'Acté monta l'escalier qui conduisait à l'appartement de Lucius; et cette impression avait pris un tel degré de force, qu'arrivée à la porte, et au moment où Sporus allait en tourner la clé, elle l'arrêta, lui posant une main sur l'épaule et appuyant l'autre sur son propre cœur, dont les battemens l'étouffaient. Enfin, après un instant d'hésitation, elle fit signe à Sporus d'ouvrir la porte ; l'esclave obéit, et au bout de l'appartement elle aperçut Lucius vêtu d'une simple tunique blanche, couronné d'une branche d'olivier, et à demi couché sur un lit de repos. Alors tout souvenir triste s'effaça de sa mémoire. Elle avait cru que quelque changement avait dû se faire dans cet homme depuis qu'elle le savait maître du monde; mais d'un seul regard elle avait reconnu Lucius, le beau jeune homme à la barbe d'or qu'elle avait guidé à la maison de son père ; elle avait retrouvé son vainqueur olympique : César avait disparu. Elle voulut courir à lui ; mais à moitié chemin la force lui manqua : elle tomba sur un genou, en tendant les mains vers son amant et murmurant à peine :

— Lucius... toujours Lucius... n'est-ce pas ?...

— Oui, oui, ma belle Corinthienne, sois tranquille ! répondit César d'une voix douce et en lui faisant signe de venir à lui : Lucius toujours ! N'est-ce pas sous ce nom que tu m'as aimé, aimé pour moi, et non pour mon empire et pour ma couronne, comme toutes celles qui m'entourent ?... Viens, mon Acté, lève-toi ! le monde à mes pieds, mais toi dans mes bras !

— Oh ! je le savais bien, moi ! s'écria Acté en se jetant au cou de son amant ; je le savais bien qu'il n'était pas vrai que mon Lucius fût méchant !...

— Méchant ! dit Lucius... Et qui t'a déjà dit cela ?...

— Non, non, interrompit Acté, pardon ! Mais on croit parfois que le lion, qui est noble et courageux comme toi, et qui est roi parmi les animaux comme toi empereur parmi les hommes, on croit parfois que le lion est cruel, parce qu'ignorant sa force il tue avec une caresse. O mon lion, prends garde à ta gazelle !...

— Ne crains rien, Acté, répondit en souriant César : le lion ne se souvient de ses ongles et de ses dents que pour ceux qui veulent lutter contre lui... Tiens, tu vois, il se couche à tes pieds comme un agneau.

— Aussi n'est-ce pas Lucius que je crains. Oh ! pour moi, Lucius, c'est mon hôte et mon amant, c'est celui qui m'a enlevée à ma patrie et à mon père, et qui doit me rendre en amour ce qu'il m'a ravi en pureté ; mais celui que je crains... Elle hésita : Lucius lui fit un signe d'encouragement. — C'est César, qui a exilé Octavie... c'est Néron, le futur mari de Poppée !...

— Tu as vu ma mère ! s'écria Lucius se relevant d'un bond et regardant Acté en face ; tu as vu ma mère !

— Oui, murmura en tremblant la jeune fille.

— Oui, continua Néron avec amertume ; et c'est elle qui t'a dit que j'étais cruel, n'est-ce pas ? que j'étouffais en embrassant, n'est-ce pas ? que jo n'avais de Jupiter que la foudre qui dévore? C'est elle qui t'a parlé de cette Octavie qu'elle protège et que je hais ; qu'elle m'a mise malgré moi entre les bras et que j'en ai repoussée avec tant de peine !... dont l'amour stérile n'a jamais eu pour moi que des caresses patientes et forcées !... Ah ! l'on se trompe, et l'on a tort, si l'on croit obtenir quelque chose de moi en me fatiguant de prières ou de menaces. J'avais bien voulu oublier cette femme, la dernière d'une race maudite ! Qu'on ne m'en fasse donc pas souvenir !...

Lucius avait à peine achevé ces paroles, qu'il fut effrayé de l'impression qu'elles avaient produite. Acté, les lèvres pâles, la tête en arrière, les yeux pleins de larmes, était renversée sur le dossier du lit, tremblante sous une colère dont elle entendait la première explosion. En effet, cette voix si douce, qui d'abord avait été toucher les fibres les plus secrètes de son cœur, avait pris en un instant une expression terrible et fatale, et ces yeux, dans lesquels elle n'avait jusqu'alors lu que l'amour, lançaient ces éclairs terribles devant lesquels Rome se voilait le visage.

— O mon père ! mon père ! s'écria Acté en sanglots ; ô mon père, pardonne-moi !...

— Oui, car Agrippine t'aura dit que tu serais assez punie de ton amour par mon amour ; elle t'aura découvert quelle espèce de bête féroce tu aimais ; elle t'aura raconté la mort de Britannicus! celle de Julius Montanus ! que sais-je encore ? mais elle se sera bien gardée de te dire que l'un voulait me prendre le trône, et que l'autre m'avait frappé au bâton au visage. Je le conçois : c'est une vie si pure que celle de ma mère !

— Lucius ! Lucius ! s'écria Acté, tais-toi ; au nom des dieux, tais-toi !

— Oh ! continua Néron, elle t'a mise de moitié dans nos secrets de famille. Hé bien ! écoute le reste. Cette femme, qui me reproche la mort d'un enfant et d'un misérable, fut exilée pour ses désordres par Caligula, son frère, qui n'était pas un maître sévère en fait de mœurs, cependant ! Rappelée de l'exil lorsque Claude monta sur le trône, elle devint la femme de Crispus Passienus, patricien, d'illustre famille, qui eut l'imprudence de lui léguer ses immenses richesses, et qu'elle fit assassiner, voyant qu'il tardait à mourir. Alors commença la lutte entre elle et Messaline. Messaline succomba. Claude fut le prix de la victoire. Agrippine devint la maîtresse de son oncle ; ce fut alors qu'elle conçut le projet de régner sous mon nom. Octavie, la fille de l'empereur, était fiancée à Silanus. Elle arracha Silanus du pied des autels ; elle trouva de faux témoins qui l'accusèrent d'inceste. Silanus se tua, et Octavie fut veuve. On la poussa dans mes bras toute pleurante, et il me fallut la prendre, le cœur plein d'un autre amour ! Bientôt une femme essaya de lui enlever son imbécile mari. Les témoins qui avaient accusé Silanus d'inceste accusèrent Lollia Paulina de magie, et Lollia Paulina, qui passait pour la plus belle femme de son temps, que Caligula avait épousée à la manière de Romulus et d'Auguste, et montrée aux Romains portant dans une seule parure pour quarante millions de sesterces, d'émeraudes et de perles, mourut lentement dans les tortures. Alors rien ne la sépara plus du trône. La nièce épousa l'oncle. Je fus adopté par Claude, et le sénat décerna à Agrippine le titre d'*Auguste*. Attends, ce n'est pas tout, continua Néron écartant les mains d'Acté qui essayait de se boucher les oreilles afin de ne pas entendre ce fils un d'elle accusait sa mère. Il arriva un jour que Claude condamna à mort une femme adultère. Ce jugement fit trembler Agrippine et Pallas. Le lendemain l'empereur dînait au Capitole avec des prêtres. Son dégustateur, Halotus, lui servit un plat de champignons préparés par Locuste; et comme la dose n'était pas assez forte, et que l'empereur, renversé sur le lit du festin, se débattait contre l'agonie, Xénophon, son médecin, sous prétexte de lui faire rejeter le mets fatal, lui introduisit dans la gorge une plume empoisonnée, et, pour la troisième fois, Agrippine se trouva veuve. Elle avait passé sous silence toute cette première partie de son histoire, n'est-ce pas ? et elle n'avait commencé au moment où elle me mit sur le trône, croyant régner en mon nom, croyant être le corps et moi l'ombre, la réalité et moi le fantôme ; et cela effectivement dura un instant ainsi ; elle eut une garde prétorienne, elle présida le sénat, elle rendit des arrêts, fit condamner à mort l'affranchi Narcisse, empoisonner le proconsul Julius Silanus. Puis un jour qu'en voyant tant de supplices, je me plaignais de ce qu'elle ne me laissait rien à faire, elle me dit que j'en faisais trop encore pour un étranger, pour un enfant adoptif, et qu'heureusement elle et les dieux avaient conservé les jours de Britannicus!... Je te le jure, quand elle me dit cela, je ne pensais pas plus à cet enfant que je ne pensais aujourd'hui à Octavie ; et cette menace, et non le poison que je lui donnai, fut le véritable coup dont il mourut !... Aussi mon crime ne fut pas d'avoir été meurtrier, mais de vouloir être empereur !... Ce fut alors, —prends patience, j'ai fini, — ce fut alors, écoute bien cela, jeune fille chaste et pure jusqu'au milieu de ton amour! ce fut alors qu'elle essaya de reprendre sur moi, comme maîtresse, l'ascendant qu'elle avait perdu sur moi, comme mère.

— Oh! tais-toi! s'écria Acté épouvantée.

— Ah! tu me parlais d'Octavie et de Poppée, et tu ne te doutais pas que tu avais une troisième rivale.

— Tais-toi, tais-toi !...

— Et ce ne fut pas dans le silence de la nuit, dans l'ombre solitaire et mystérieuse d'une chambre écartée qu'elle vint à moi avec cette intention ; non, ce fut dans un repas, au milieu d'une orgie, en face de ma cour : Sénèque y était, Burrhus y était, Pâris et Phaon y étaient ; ils y étaient tous. Elle s'avança couronnée de fleurs et à demi nue, au milieu des chants et des lumières. Et ce fut alors qu'effrayés de ces projets et de sa beauté, — car elle est belle ! — ses ennemis poussèrent Poppée entre elle et moi. Eh bien ! que dis-tu de ma mère, Acté ?

— Infamie! infamie ! murmura la jeune fille en couvrant de ses mains son visage rouge de honte.

— Oui, n'est-ce pas une singulière race que la nôtre ? Aussi, ne nous jugeant pas dignes d'être hommes, on nous fait dieux ! Mon oncle étouffa son tuteur avec un oreiller, et son beau-père dans un bain. Mon père, au milieu du Forum, creva avec une baguette l'œil d'un chevalier ; sur la voie Appienne, il écrasa sous les roues de son char un jeune Romain qui ne se rangeait pas assez vite ; et à table, un jour, près du jeune César qu'il avait accompagné en Orient, il poignarda, avec le couteau qui lui servait à découper, son affranchi qui refusait de boire. Ma mère, je t'ai dit ce qu'elle avait fait : elle a tué Passiénus, elle a tué Silanus, elle a tué Lollia Paulina, elle a tué Claude, et moi, moi le dernier, moi avec qui s'éteindra le nom, si j'étais empereur juste au lieu d'être fils pieux, moi, je tuerais ma mère !...

Acté poussa un cri terrible et tomba à genoux, les bras étendus vers César.

— Eh bien ! que fais-tu ? continua Néron en souriant avec une expression étrange, tu prends au sérieux ce qui n'est qu'une plaisanterie ; quelques vers que me sont restés dans l'esprit depuis la dernière fois que j'ai chanté *Oreste*, et qui se seront mêlés à ma prose. Allons donc, rassure-toi, folle enfant que tu es ; d'ailleurs es-tu venue pour prier et pour craindre ? T'ai-je envoyé chercher pour que tu te meurtrisses les genoux et que tu te tordes les bras. Voyons, relevons-nous : est-ce que je suis César ? est-ce que je suis Néron ? est-ce qu'Agrippine est ma mère ? Tu as rêvé tout cela, ma belle Corinthienne : je suis Lucius, l'athlète, le conducteur de char, le chanteur à la lyre dorée. à la voix tendre, et voilà tout.

— Oh ! répondit Acté en appuyant sa tête sur l'épaule de Lucius, oh ! le fait est qu'il y a des momens où je croirais que je suis sous l'empire d'un songe, et que je vais me réveiller dans la maison de mon père, si je ne sentais au fond du cœur la réalité de mon amour. O Lucius ! Lucius ! ne te joue pas ainsi de moi ; ne vois-tu pas que je suis suspendue par un fil au dessus des gouffres de l'enfer ; prends pitié de ma faiblesse ; ne me rends pas folle.

— Et d'où viennent ces craintes et ces angoissses ? Ma belle Hélène a-t-elle à se plaindre de son Pâris ? Le palais qu'elle habite n'est-il point assez magnifique ? nous lui en ferons bâtir un autre dont les colonnes seront d'argent et les chapitaux d'or ? Les esclaves qui la servent lui ont-ils manqué de respect ? elle a sur eux droit de vie et de mort ? Que veut-elle ? que désire-t-elle ? et tout ce qu'un homme, tout ce qu'un empereur, tout ce qu'un dieu peut accorder, qu'elle le demande, elle l'obtiendra !

— Oui, je sais que tu es tout-puissant ; je crois que tu m'aimes, j'espère que tout ce que je te demanderai, tu me le donneras : tout, excepté ce repos de l'âme, cette conviction intime que Lucius est à moi comme je suis à Lucius. Il y a maintenant tout un côté de ta personne, toute une partie de ta vie, qui m'échappe, qui s'enveloppe d'ombre, et qui se perd dans la nuit. C'est Rome, c'est l'empire, c'est le monde qui te réclame ! et tu n'es à moi que par le point où je te touche. Tu as des secrets ; tu as des haines que je ne puis partager, des amours que je ne dois pas connaître. Au milieu de nos épanchemens les plus tendres, de nos entretiens les plus doux, de nos heures les plus intimes, une porte s'ouvrira, comme cette porte s'ouvre en ce moment, et un affranchi à la figure impassible te fera un signe mystérieux, auquel je ne pourrai, auquel je ne devrai rien comprendre. Tiens, voilà mon apprentissage qui commence.

— Que veux-tu ? Anicétus, dit Néron.

— Celle que le divin César a fait demander est là, qui l'attend.

— Dis-lui que j'y vais, reprit l'empereur.

L'affranchi sortit.

— Tu vois bien ? répondit Acté en le regardant tristement.

— Explique-toi, dit Néron.

— Une femme est là ?...

— Sans doute.

— Et je t'ai senti tressaillir quand on l'a annoncée.

— Ne tressaille-t-on que d'amour ?

— Cette femme, Lucius !...

— Parle... j'attends.

— Cette femme...

— Eh bien ! cette femme...

— Cette femme s'appelle Poppée ?

— Tu te trompes, répondit Néron, cette femme s'appelle Locuste.

IX.

Néron se leva et suivit l'affranchi ; après quelques détours dans des corridors secrets qui n'étaient connus que de l'empereur et de ses plus fidèles esclaves, ils entrèrent dans une petite chambre sans fenêtres dans laquelle le jour et l'air pénétraient par le haut. Encore cette ouverture était-elle moins faite pour éclairer l'appartement que pour en laisser échapper la vapeur, qui, dans certains momens, s'exhalait des réchauds de bronze, refroidis les plus intimes, mais sur lesquels le charbon préparé n'attendait que l'étincelle et le souffle, ces deux grands moteurs de toute vie et de toute lumière. Autour de la chambre étaient rangés des instrumens de grès et de verre aux formes allongées et étranges, qui semblaient modelés par quelque ouvrier capricieux, sur de vagues souvenirs d'oiseaux bizarres ou de poissons inconnus ; des vases de différentes tailles, et fermés soigneusement de couvercles sur lesquels l'œil étonné cherchait à lire des caractères de convention qui n'appartenaient à aucune langue, étaient rangés sur les tablettes circulaires, et ceignaient le laboratoire magique comme des bandelettes mystérieuses qui serrent la taille des momies, et au-dessus d'eux pendaient à des clous d'or des plantes sèches, ou vertes encore, selon qu'elles devaient être employées en feuilles fraîches ou en poussière ; la plupart de ces plantes avaient été cueillies aux époques recommandées par les mages, c'est-à-dire au commencement de la canicule, à cette époque précise et rapide de l'année où le magicien ne pouvait être vu ni de la lune ni du soleil. Il y avait dans ces vases les préparations les plus rares et les plus précieuses : les uns contenant des pommades qui rendaient invincible et qui étaient composées à grands frais et à grand'peine, avec la tête et la queue d'un serpent ailé, des poils arrachés au front d'un tigre, de la moelle de lion, et de l'écume d'un cheval vainqueur ; les autres renfermaient, amulette puissante pour l'accomplissement de tous les vœux, du sang de basilic, qu'on appelait aussi sang de Saturne ; enfin, il y en avait qu'on n'eût pu payer en les échangeant contre leur poids en diamans, et dans lesquels étaient scellées quelques parcelles de ce parfum, si rare que Julius César seul, disait-on, avait pu s'en procurer, et que l'on trouvait dans l'or *apyre*, c'est-à-dire qui n'a point encore été mis à l'épreuve du feu. Il y avait parmi ces plantes des couronnes d'héliocrysos, cette fleur qui donne la faveur et la gloire, et des touffes de verveines déracinées de la main gauche, et dont on avait fait sécher séparément, à l'ombre, les feuilles, la tige et les racines ; celle-ci était pour la joie et le plaisir, car en arrosant le *triclinium* avec de l'eau dans laquelle on en avait fait infuser quelques feuilles, il n'y avait pas de convive si morose, de philosophe si sévère, qui ne se livrât bientôt à la plus folle gaîté.

Une femme vêtue de noir, la robe relevée d'un côté et à la hauteur du genou par une escarboucle, la main gauche armée d'une baguette de coudrier, arbre qui servait à découvrir les trésors, attendait Néron dans cette chambre ; elle était assise et plongée dans une si profonde rêverie, que l'entrée de l'empereur ne put la tirer de sa préoccupation ; Néron s'approcha d'elle, et, à mesure qu'il s'approchait, sa figure prenait une singulière expression de crainte, de répugnance et de mépris. Arrivé près d'elle, il fit un signe à Anicétus, et celui-ci toucha de la main l'épaule de la femme, qui releva lentement la tête, et la secoua pour écarter ses cheveux, qui, retombant libres, sans peignes et sans bandelettes, lui couvraient comme un voile le devant du visage chaque fois qu'elle baissait le front ; alors on put voir la figure de la magicienne : c'était celle d'une femme de trente-cinq à trente sept ans, qui avait été belle, mais qui était flétrie avant l'âge par l'insomnie, par la débauche et par le remords peut-être.

Ce fut elle qui adressa la première la parole à Néron, sans se lever, et sans faire d'autre mouvement que celui des lèvres.

— Que me veux-tu encore ? lui dit-elle.
— D'abord, lui dit Néron, te souviens-tu du passé ?
— Demande à Thésée s'il se souvient de l'enfer.
— Tu sais où je t'ai prise, dans une prison infecte, où tu agonisais lentement, au milieu de la boue où tu étais couchée, et des reptiles qui passaient sur tes mains et sur ton visage.
— Il faisait si froid que je ne les sentais pas.
— Tu sais où je t'ai laissée, dans une maison que je t'ai fait bâtir et que je t'ai ornée comme pour une maîtresse ; on appelait ton industrie un crime, je l'ai appelée un art ; on poursuivait tes complices, je t'ai donné des élèves.
— Et moi, je t'ai rendu en échange la moitié de la puissance de Jupiter... J'ai mis à tes ordres — la Mort — cette fille aveugle et sourde du Sommeil et de la Nuit.
— C'est bien je vois que tu te rappelles ; je t'ai envoyé chercher.
— Qui donc doit mourir ?...
— Oh ! pour cela, il faut que tu le devines, car je ne puis te le dire : c'est un ennemi trop puissant et trop dangereux pour que je confie son nom à la statue même du Silence ; seulement, prends garde : car il ne faut pas que le poison tarde, comme pour Claude, ou échoue à un premier essai comme sur Britannicus ; il faut qu'il tue à l'instant, sans laisser le temps à celui où à celle qu'il frappera d'articuler une parole ou de faire un geste ; enfin, il me faut un poison pareil à celui que nous préparâmes dans ce lieu même, et dont nous fîmes l'essai sur un sanglier.
— Oh ! dit Locuste, s'il ne s'agit que de préparer ce poison et un plus terrible encore, rien de plus facile ; mais lorsque je te donnai celui dont tu me parles, je savais pour

qui je me mettais à l'œuvre : c'était pour un enfant sans defiance, et je pouvais répondre du résultat ; mais il y a des gens sur lesquels le poison, comme sur Mithridate n'a plus aucune puissance : car ils ont peu à peu habitué leur estomac à supporter les sucs les plus vénéneux et les poudres les plus mortelles : si par malheur mon art allait se heurter à l'une de ces organisations de fer, le poison manquerait son effet, et tu dirais que je t'ai trompé.

— Et, continua Néron, je te replongerais dans ce cachot, et je te redonnerais pour gardien ton ancien geôlier, Pollio Julius : voilà ce que je ferais, réfléchis donc.
— Dis-moi le nom de la victime, et je te répondrai.
— Une seconde fois, je ne puis ni ne veux te le dire n'as-tu pas des combinaisons pour trouver l'inconnu ; des sortiléges qui te font apparaître des fantômes voilés que tu interroges et qui te répondent. Cherche et interroge : je ne veux rien te dire, mais je ne t'empêche pas de deviner.
— Je ne puis rien faire ici.
— Tu n'es pas prisonnière.
— Dans deux heures je reviendrai.
— Je préfère te suivre.
— Même au mont Esquilin ?
— Partout.
— Et tu viendras seul ?
— Seul, s'il le faut.
— Viens donc.

Néron fit signe à Anicétus de se retirer, et suivit Locuste hors de la maison dorée, ayant pour toute arme apparente son épée ; il est vrai que quelques uns ont dit qu'il portait nuit et jour sur la peau une cuirasse d'écailles qui lui défendait toute la poitrine, et qui était si habilement faite, qu'elle se pliait à tous les mouvements du corps, quoiqu'elle fût à l'épreuve des armes les mieux trempées et du bras le plus vigoureux.

Ils suivirent les rues sombres de Rome, sans esclave qui les éclairât, jusqu'au Vélabre, où était située la maison de Locuste. La magicienne frappa trois coups, et une vieille femme, qui l'aidait parfois dans ses enchantemens, vint ouvrir et se rangea en souriant pour laisser passer le beau jeune homme qui venait sans doute commander quelque philtre : Locuste poussa la porte de son laboratoire, et, y entrant la première, elle fit signe à César de la suivre.

Alors un singulier mélange d'objets hideux et opposés s'offrit aux yeux de l'empereur : des momies égyptiennes et des squelettes étrusques étaient dressés le long des murs ; des crocodiles et des poissons aux formes bizarres pendaient au plafond, soutenus par des fils de fer invisibles ; des figures de cire de différentes grandeurs et à diverses ressemblances étaient posées sur des piédestaux, avec des aiguilles ou des poignards dans le cœur. Au milieu de tous ces appareils différens voletait sans bruit un hibou effrayé, qui, chaque fois qu'il se posait, faisait luire ses yeux comme deux charbons ardens, et claquer son bec en signe de terreur ; dans un coin de la chambre, une brebis noire bêlait tristement comme si elle eût deviné le sort qui l'attendait. Bientôt, au milieu de ces bruits divers, Néron distingua des plaintes ; il regarda alors avec attention autour de lui, et, vers le milieu de l'appartement, il aperçut à fleur de terre un objet dont il ne put d'abord distinguer la forme : c'était une tête humaine, mais sans corps, quoique ses yeux parussent vivans ; autour de son cou était enroulé un serpent, dont la langue noire et mouvante se dirigeait de temps en temps avec inquiétude du côté de l'empereur, et se replongeait bientôt dans une jatte de lait ; autour de cette tête on avait placé, comme autour de Tantale, des mets et des fruits, de sorte qu'il semblait que c'était un supplice, un sacrilège, ou une dérision. Au reste, au bout d'un instant, l'empereur n'eut plus de doutes : — c'était bien cette tête qui se plaignait.

Cependant Locuste commençait son opération magique. Après avoir arrosé toute la maison avec de l'eau du lac Averne, elle alluma un feu composé de branches de sycomore et de cyprès arrachés sur des tombeaux, y jeta des plumes de chouette trempées dans du sang de crapaud, et y ajouta des herbes cueillies à Iolchos et en Ibérie. Alors elle s'accroupit devant ce feu en murmurant des paroles inintelligibles ; puis, lorsqu'il commença de s'éteindre, elle regarda autour d'elle comme pour chercher quelque chose que ses yeux ne rencontrèrent point d'abord : alors elle fit entendre un sifflement particulier, qui fit dresser la tête au serpent ; au bout d'un instant elle siffla une seconde fois, et le reptile se déroula lentement ; enfin, un troisième coup de sifflet se fit entendre, et, comme forcé d'obéir à cet appel, l'animal obéissant, mais craintif, rampa lentement vers elle. Alors elle le saisit par le cou et lui approcha la tête de la flamme : aussitôt tout son corps se roula autour du bras de la magicienne, et à son tour il poussa des sifflements de douleur ; mais elle l'approcha toujours davantage du foyer, jusqu'à ce que sa gueule se blanchit d'une espèce d'écume : trois ou quatre gouttes de cette bave tombèrent sur les cendres, c'était probablement tout ce que voulait Locuste, car elle lâcha aussitôt le reptile, qui s'enfuit avec rapidité, rampa comme un lierre autour de la jambe d'un squelette, et se réfugia dans les cavités de la poitrine, où, pendant quelque temps encore, on put lui voir agiter les restes de sa souffrance à travers les ossemens qui l'entouraient comme une cage.

Alors Locuste recueillit ces cendres et ces braises ardentes dans une serviette d'amiante, prit la brebis noire par une corde qui lui pendait au cou, et, ayant achevé sans doute ce qu'elle avait à faire chez elle, elle se retourna vers Néron, qui avait regardé toutes ces choses avec l'impassibilité d'une statue, et lui demanda s'il était toujours dans l'intention de l'accompagner au mont Esquilin. Néron lui répondit par un signe de tête : Locuste sortit, et l'empereur marcha derrière elle ; au moment où il refermait la porte, il entendit une voix qui demandait pitié avec un accent si douloureux, qu'il en fut ému et voulut arrêter Locuste ; mais celle-ci répondit que le moindre retard lui ferait manquer sa conjuration, et que, si l'empereur ne l'accompagnait à l'instant même, elle serait forcée d'aller seule, ou de remettre l'entreprise au lendemain. Néron repoussa la porte et se hâta de la suivre ; au reste, comme il n'était pas étranger aux mystères de la divination, il avait à peu près reconnu la préparation dont il s'agissait. Cette tête était celle d'un enfant enterré jusqu'au cou, que Locuste laissait mourir de faim à la vue de mets placés hors de sa portée, afin de faire après sa mort, avec la moelle de ses os et son cœur desséché par la colère, un de ces philtres amoureux ou de ces breuvages amatoires que les riches libertins de Rome ou les maîtresses des empereurs payaient quelquefois d'un prix avec lequel ils eussent acheté une province.

Néron et Locuste, pareils à deux ombres, suivirent quelque temps les rues tortueuses du Vélabre ; puis ils s'engagèrent silencieux et rapides derrière la muraille du grand cirque, et gagnèrent le pied du mont Esquilin ; en ce moment la lune, à son premier quartier, se leva derrière sa cime, et sur l'azur argenté du ciel se détachèrent les croix nombreuses auxquelles étaient cloués les corps des voleurs, des meurtriers et des chrétiens, confondus ensemble dans un même supplice. L'empereur crut d'abord que c'était à quelques-uns de ces cadavres que l'empoisonneuse avait affaire ; mais elle passa au milieu d'eux sans s'arrêter. et, faisant signe à Néron de l'attendre, elle alla s'agenouiller sur un petit tertre, et se mit, comme la hyène, à fouiller la terre d'une fosse avec ses ongles : alors dans l'excavation qu'elle venait de creuser elle replaça les cendres brûlantes qu'elle avait emportées de chez elle, et au milieu desquelles un souffle de la brise fit en passant briller quelques étincelles ; puis, prenant la brebis noire amenée dans ce but, elle lui ouvrit les dents l'arrière du cou, et éteignit le feu avec son sang. En ce moment la lune se voila, comme pour ne pas assister à de pareils sacriléges ; mais malgré l'obscurité qui se répandit aussitôt sur la montagne, Néron vit se dresser devant la devineresse une ombre avec laquelle elle s'entretint pendant quelques instans ; il se rappela alors que c'était vers cet endroit qu'avait été enterrée, après avoir été étranglée pour ses assassinats, la magicienne Canidie, dont parlent Horace et Ovide, et il n'eut plus de doute que ce ne fût son fantôme maudit que Locuste interrogeait en ce moment. Au bout d'un instant l'ombre sembla rentrer en terre, la lune se dégagea du nuage qui l'obscurcissait, et Néron vit revenir à lui Locuste pâle et tremblante.

— Eh bien ? dit l'empereur.
— Tout mon art serait inutile, murmura Locuste.
— N'as-tu plus de poisons mortels ?
— Si fait, mais j'ai des antidotes souverains.
— Tu connais donc celle que j'ai condamnée ? reprit Néron.
— C'est ta mère, répondit Locuste.
— C'est bon. dit froidement l'empereur ; alors je trouverai quelqu'autre moyen.

Et tous deux alors descendirent de la montagne maudite, et se perdirent dans les rues sombres et désertes qui conduisent au Vélabre et au Palatin.

Le lendemain, Acté reçut de son amant une lettre qui l'invitait à partir pour Baïa et à y attendre l'empereur, qui allait y célébrer avec Agrippine les fêtes de Minerve.

X.

Huit jours s'étaient écoulés depuis la scène que nous avons racontée dans notre précédent chapitre. Il était dix heures du soir. La lune, qui venait de paraître à l'horizon, s'élevait lentement derrière le Vésuve, et projetait ses rayons sur toute la côte de Naples. A sa lumière pure et brillante resplendissait le golfe de Pouzzoles, que traversait de sa ligne sombre le pont insensé que fit, pour accomplir la prédiction de l'astrologue Thrasyle, jeter de l'une à l'autre de ses rives le troisième César, Caïus Caligula. Sur ses bords et dans toute l'étendue du croissant immense qu'il forme depuis la pointe de Pausilippe jusqu'à celle du cap Misène, on voyait disparaître les unes après les autres, comme des étoiles qui s'éteignent au ciel, les lumières des villes, des villages et des palais dispersés sur sa plage et se mirant dans les ondes rivales des eaux bleues de la Cyrénaïque. Pendant quelques temps encore, au milieu du silence, on vit glisser, une flamme à la proue, quelque barque attardée, regagnant, à l'aide de sa voile triangulaire ou de sa double rame, le port d'Œnarie, de Procita ou de Baïes. Puis la dernière de ces barques disparut à son tour, et le golfe se serait dès lors trouvé entièrement désert et silencieux, sans quelques bâtimens flottant sur l'eau et enchaînés à la rive, en face des jardins d'Hortensius, entre la villa de Julius César et le palais de Bauli.

Une heure se passa ainsi, pendant laquelle la nuit devint plus calme et plus sereine encore de l'absence de tout bruit et de toute vapeur terrestre. Aucun nuage ne tachait le ciel, pur comme la mer ; aucun flot ne ridait la mer qui réfléchissait le ciel. La lune, continuant sa course au milieu d'un azur limpide, semblait s'être arrêtée un instant au dessus du golfe, comme au dessus d'un miroir. Les dernières lumières de Pouzzoles s'étaient éteintes, et seul, le phare du cap de Misène flamboyait derrière à l'extrémité de son promontoire, comme une torche à la main d'un géant. C'était une de ces nuits voluptueuses où Naples, la belle fille de la Grèce, livre aux vents sa chevelure d'orangers, et aux flots son sein de marbre. De temps en temps passait dans l'air un de ces soupirs mystérieux que la terre endormie pousse vers le ciel, et à l'horizon oriental, la fumée blanche du Vésuve montait au milieu d'une atmosphère si calme, qu'elle semblait une colonne d'albâtre, débris gigantesque de quelque Babel disparue. Tout à coup, au milieu de ce silence et de cette obscurité, les matelots couchés dans les barques du rivage virent, à travers les arbres qui voilaient à moitié le palais de Bauli, étinceler des torches ardentes. Ils entendirent des voix joyeuses qui s'approchaient de leur côté ; et bientôt, d'un bois d'orangers et de lauriers-roses qui bordait la rive, ils virent déboucher, se dirigeant vers eux, le cortège qui éclatait ainsi en bruit et en lumières. Aussitôt celui qui paraissait le commandant du plus grand des vaisseaux, qui était une trirème magnifiquement dorée et toute couronnée de fleurs, fit étendre, sur le pont qui joignait son navire à la plage, un tapis de pourpre, et, s'élançant à terre, il attendit dans l'attitude du respect et de la crainte. En effet, celui qui, marchant à la tête de ce cortège, s'avançait vers les vaisseaux, était César Néron lui-même. Néron s'approchait, accompagné d'Agrippine, et pour cette fois, chose étrange et rare depuis la mort de Britannicus, la mère s'appuyait au bras du fils, et, tous deux, le visage souriant et échangeant des paroles amies, paraissaient être dans la plus parfaite intelligence. Arrivé près de la trirème, le cortège s'arrêta ; et, en face de toute la cour, Néron, les yeux mouillés de larmes, pressa sa mère contre son cœur, couvrant de baisers son visage et son cou, comme s'il avait peine à se séparer d'elle ; puis enfin, la laissant pour ainsi dire échapper de ses bras, et se retournant vers le commandant du vaisseau :

— Anicétus, lui dit-il, sur ta tête, je te recommande ma mère !

Agrippine traversa le pont et monta sur la trirème, qui s'éloigna lentement de la rive, mettant le cap entre Baïes et Pouzzoles ; mais pour cela Néron n'abandonna point la place ; quelque temps encore il demeura debout et saluant sa mère de la voix et du geste, à l'endroit où il avait pris congé d'elle, tandis qu'Agrippine, de son côté, lui renvoyait ses adieux. Enfin le bâtiment commençant à se trouver hors de la portée de sa voix, Néron retourna vers Bauli, et Agrippine descendit dans la chambre qui lui avait été préparée.

A peine était-elle couchée sur le lit de pourpre préparé pour elle, qu'une tapisserie se souleva, et qu'une jeune fille, pâle et tremblante, vint se jeter à ses pieds en s'écriant : — O ma mère ! ma mère ! sauve-moi !

Agrippine tressaillit d'abord de surprise et de crainte ; puis, reconnaissant la belle Grecque : — Acté ! dit-elle avec étonnement, en lui tendant la main, toi ici ! dans mon navire ! et me demandant protection... Et de qui faut-il que je te sauve, toi qui es assez puissante pour me rendre l'amitié de mon fils ?

— Oh ! de lui, de moi, de mon amour... de cette cour qui m'épouvante, de ce monde si étrange et si nouveau pour moi.

— En effet, répondit Agrippine, tu as disparu au milieu du dîner ; Néron t'a demandée, t'a fait chercher, pourquoi donc as-tu fui ainsi ?

— Pourquoi ? tu le demandes ? était-il possible à une femme... pardon !... de rester au milieu d'une pareille orgie, qu'eût fait rougir les prêtresses de Vénus elles-mêmes. O ma mère !... n'as-tu pas entendu ces chants ? n'as-tu pas vu ces courtisanes nues... ces bateleurs dont chaque geste était nu, honte, moins pour eux que pour ceux qui les regardaient ? Oh ! je n'ai pu supporter un pareil spectacle, j'ai fui dans les jardins. Mais là, c'était autre chose... ces jardins étaient peuplés comme les bois antiques ; chaque fontaine était habitée par quelque nymphe impudique ; chaque buisson cachait quelque satyre débauché... et, le croirais tu, ma mère ? parmi ces hommes et ces femmes, j'ai reconnu des matrones et des chevaliers... alors j'ai fui les jardins comme j'avais fui la table... Une porte était ouverte qui donnait sur la mer, je me suis élancée sur le rivage... j'ai vu la trirème, je l'ai reconnue ; j'ai crié que j'étais de ta suite et que je venais t'attendre ; alors on m'a reçue ; et, au milieu de ces matelots, de ces soldats, de ces hommes grossiers , j'ai respiré plus à l'aise et plus tranquille, qu'à cette table de Néron qu'entourait cependant toute la noblesse de Rome.

— Pauvre enfant ! et qu'attends-tu de moi ?

— Un asile dans ta maison du lac Lucrin, une place parmi tes esclaves, un voile assez épais pour couvrir la rougeur de mon front.

— Ne veux-tu donc plus revoir l'empereur ?

— O ma mère !...

— Veux-tu donc le laisser errant au hasard, comme un vaisseau perdu, sur cette mer de débauches ?

— O ma mère ! si je l'aimais moins, peut-être pourrais-je demeurer près de lui ; mais comment veux-tu que je voie là, devant moi, d'autres femmes aimées comme je suis aimée, ou plutôt comme j'ai cru l'être. C'est impossible ; je ne puis pas avoir tant donné pour n'obtenir que si peu. Au milieu de ce monde perdu, je me perdrais ; parmi ces femmes, je deviendrais ce que sont ces femmes ; j'aurais aussi un poignard à ma ceinture, du poison dans quelque bague, puis un jour...

— Qu'y a-t-il, Acerronie, interrompit Agrippine en s'adressant à une jeune esclave qui entrait en ce moment.

— Puis-je parler, maîtresse ? répondit celle-ci d'une voix altérée.

— Parle.

— Où crois-tu aller ?

— Mais à ma villa du lac Lucrin, ce me semble.

— Oui, nous avons commencé par nous diriger de ce côté, mais au bout d'un instant le vaisseau a changé de route, et nous voguons vers la pleine mer.

— Vers la pleine mer ! s'écria Agrippine.

— Regarde, dit l'esclave en tirant un rideau qui couvrait une fenêtre, regarde, le phare du cap devrait être bien loin derrière nous, et le voici à notre droite ; au lieu de nous approcher de Pouzzoles, nous nous en éloignons à toutes voiles.

— En effet, s'écria Agrippine, que signifie cela ? Gallus ! Gallus !... Un jeune chevalier romain parut à la porte. — Gallus, reprit Agrippine, dites à Anicétus que je veux lui parler : Gallus sortit suivi d'Acerronie.—Justes dieux ! voilà le phare qui s'éteint comme par enchantement, continuat-elle... Acté, Acté, il se prépare quelque chose d'infâme sans doute. Oh ! l'on m'avait prévenue de ne pas venir à Bauli, mais je n'ai rien voulu croire... insensée ! Eh bien ! Gallus ?

— Anicétus ne peut se rendre à tes ordres ; il fait mettre les chaloupes à la mer.

— Je vais donc aller le trouver moi-même... Ah !... quel est ce bruit au-dessus de nous ? Par Jupiter ! nous sommes condamnées, et voilà le vaisseau qui se brise !!!

En effet, Agrippine avait à peine prononcé ces paroles en se jetant dans les bras d'Acté, que le plancher qui s'étendait au-dessus de leur tête s'abîma avec un bruit affreux. Les deux femmes se crurent perdues ; mais, par un hasard étrange, le dais qui couvrait le lit était si profondément et si solidement scellé dans les bordages, qu'il soutint le poids du plafond, dont l'extrémité opposée venait d'écraser dans sa chute le jeune chevalier romain qui se trouvait debout à l'entrée de la chambre. Quant à Agrippine et à Acté, elles se trouvèrent dans l'angle vide qu'avait formé le plancher toujours maintenu par le dais. Au même moment, de grands cris retentirent sur tout le bâtiment ; un bruit sourd se fit entendre dans les profondeurs du vaisseau, et les deux femmes le sentirent aussitôt trembler et gémir sous leurs pieds. En effet, plusieurs planches de la quille venaient de s'ouvrir, et la mer, envahissant la carène par la brèche béante, battait déjà la porte de la chambre. Agrippine en un instant devina tout. La mort avait été placée à la fois sur sa tête et sous ses pieds. Elle regarda autour d'elle, vit le plafond près de l'écraser, l'eau près de l'engloutir : la fenêtre par laquelle elle avait regardé lorsque s'était éteint le phare de Misène était ouverte : c'était la seule voie de salut ; elle entraîna Acté vers cette fenêtre en lui faisant signe de se taire avec ce geste prompt et impératif qui indique qu'il y a de la vie, et toutes deux, sans regarder derrière elles, sans hésitation, sans retard, se précipitèrent en se tenant embrassées. Au même instant il leur sembla qu'elles étaient attirées par une puissance infernale dans les abîmes les plus profonds de la mer ; le vaisseau s'engloutissait en tournoyant, et elles descendaient avec lui dans le tourbillon qu'il creusait ; elles s'enfoncèrent ainsi pendant quelques secondes qui leur parurent un siècle ; enfin le mouvement d'attraction s'arrêta : elles sentirent qu'elles cessaient de descendre, puis bientôt qu'elles remontaient, puis enfin, à demi évanouies, elles revinrent à la surface de l'eau. En ce moment elles virent comme à travers un voile une troisième tête qui reparaissait auprès des barques ; elles entendirent comme dans un songe une voix qui criait : *Je suis Agrippine, je suis la mère de César, sauvez-moi !* Acté à son tour voulait crier pour appeler à l'aide, mais elle se sentit de nouveau entraîner par Agrippine, et sa voix inarticulée ne jeta qu'un son confus. Lorsqu'elles reparurent, elles étaient presque hors de portée de la vue ; et cependant Agrippine lui montra d'une main, tandis qu'elle nageait de l'autre, une rame qui se levait et qui brisait en retombant la tête d'Acerronie, assez insensée pour avoir cru se sauver en criant aux meurtriers d'Agrippine qu'elle était la mère de César.

Les deux fugitives alors continuèrent de fendre l'eau en silence, se dirigeant vers la côte, tandis qu'Anicétus, croyant sa mission de mort accomplie, ramait du côté de Bauli, où l'attendait l'empereur. Le ciel était toujours pur et la mer était redevenue calme ; cependant la distance était si grande de l'endroit où Agrippine et Acté s'étaient précipitées à l'eau, jusqu'à la côte où elles espéraient atteindre, qu'après avoir nagé pendant plus d'une demi-heure, elles se trouvaient encore à une demi-lieue de la terre. Pour surcroît de détresse, Agrippine, dans sa chute, s'était blessée à l'épaule ; elle sentait son bras droit s'engourdir, de sorte qu'elle n'avait échappé à un premier danger que pour retomber dans un second plus terrible et plus certain encore. Acté s'aperçut bientôt qu'elle ne nageait plus qu'avec peine, et quoique pas une plainte ne sortît de sa bouche, elle devina, à l'oppression de sa poitrine, qu'elle avait besoin de secours. Passant aussitôt du côté opposé, elle lui prit le bras, lui donna son cou pour point d'appui, et continua de s'avancer, soutenant Agrippine fatiguée, qui la suppliait en vain de se sauver seule, et de la laisser mourir.

Pendant ce temps, Néron était rentré dans le palais de Bauli, et, reprenant à table la place qu'il avait quittée un instant, il avait fait venir de nouvelles courtisanes, de nouveaux bateleurs, avait ordonné que le festin continuât, et se faisant apporter sa lyre, il chantait le siège de Troie. Cependant, de temps en temps, il tressaillait, et tout à coup un frisson lui passait dans les veines, une sueur froide glaçait son front ; car tantôt il lui semblait entendre le dernier cri de sa mère, tantôt il lui semblait que le génie de la mort, traversant cette atmosphère chaude et embaumée, lui effleurait le front du bout de l'aile. Enfin, après deux heures de cette veille fiévreuse, un esclave entra, s'avança vers Néron, et lui dit à l'oreille un mot que personne n'entendit, mais qui le fit pâlir ; aussitôt, laissant tomber sa lyre et arrachant sa couronne, il s'élança hors de la salle du festin, sans dire à personne le sujet de cette subite terreur, et laissant ses convives libres de se retirer ou de continuer l'orgie. Mais le trouble de l'empereur avait été trop visible, et sa sortie trop brusque, pour que les courtisans n'eussent pas deviné qu'il venait de se passer quelque chose de terrible ; aussi chacun s'empressa d'imiter l'exemple du maître, et quelques minutes après son départ, cette salle tout à l'heure si pleine, si bruyante et si animée, était vide et silencieuse comme un tombeau profond.

Néron s'était retiré dans sa chambre et avait fait appeler Anicétus. Celui-ci, en abordant au port, avait rendu compte de sa mission à l'empereur, et l'empereur, sûr de sa fidélité, n'avait conçu aucun doute sur la véracité de son récit. Son étonnement fut donc grand, quand, le voyant entrer, Néron s'élança sur lui en s'écriant :

— Que me disais-tu donc qu'elle était morte ? Il y a en bas un messager qui vient de sa part !

— Alors, il faut qu'il arrive de l'enfer, répondit Anicétus ; car j'ai vu le plafond s'écrouler et le vaisseau s'engloutir, car j'ai entendu une voix crier : Je suis Agrippine, la mère de César ; et j'ai vu se lever et retomber la rame qui a brisé la tête de celle qui appelait si imprudemment à son secours !...

— Eh bien ! tu t'es trompé : c'est Acerronie qui est morte, et c'est ma mère qui est sauvée.

— Qui dit cela ?

— L'affranchi Agérinus.

— L'as-tu vu ?

— Non, pas encore.

— Que va faire le divin empereur ?

— Puis-je compter sur toi ?

— Ma vie est à César.

— Eh bien ! entre dans ce cabinet, et, lorsque j'appellerai au secours, entre vivement, arrête Agérinus, et dis que tu lui as vu lever sur moi le poignard.

— Tes désirs sont des ordres, répondit Anicétus en s'inclinant et en entrant dans le cabinet.

Néron resta seul, prit un miroir, et, voyant que son visage était défait, il en effaça la pâleur avec du rouge ; puis, assemblant les ondes de ses cheveux et les plis de sa toge, comme s'il allait monter sur un théâtre, il se coucha dans une pose étudiée, pour attendre le messager d'Agrippine.

Il venait dire à Néron que sa mère était sauvée ; il lui raconta donc le double accident de la trirème, que César écouta comme s'il l'ignorait ; puis il ajouta que l'auguste Agrippine avait été recueillie par une barque au moment où, perdant toutes ses forces, elle n'avait plus d'espoir que dans l'assistance des dieux... Cette barque l'avait conduite du golfe de Pouzzoles dans le lac Lucrin, par le canal qu'avait fait creuser Claudius ; puis des bords du lac Lucrin elle s'était fait porter en litière à sa villa, d'où, aussitôt arrivée, elle envoyait dire à son fils que les dieux l'avaient prise sous leur garde, le conjurant, quelque désir qu'il eût de la voir, de différer sa visite, car elle avait besoin de repos pour le moment. Néron l'écouta jusqu'au bout jouant la terreur, la surprise et la joie, selon ce que disait le narrateur ; puis, lorsqu'il eut su ce qu'il voulait savoir, c'est-à-dire le lieu où s'était retirée sa mère, accomplissant aussitôt le projet qu'il avait formé à la hâte, il jeta une épée nue entre les jambes du messager en appelant du secours : aussitôt Anicétus s'élança de son cabinet, saisit l'envoyé d'Agrippine, et, ramassant le glaive qui se trouvait à ses pieds avant qu'il eût eu le temps de nier l'attentat qu'on lui imputait, il le remit aux mains du chef des prétoriens, accouru avec sa garde à la voix de l'empereur, et s'élança dans les corridors du palais en criant que Néron venait de manquer d'être assassiné par ordre de sa mère.

Pendant que ces choses se passaient à Bauli, Agrippine, comme nous l'avons dit, avait été sauvée par une barque de pêcheur qui rentrait tardivement au port ; mais, au moment de joindre cette barque, ignorant si la colère de Néron n'allait pas la poursuivre à sa villa du lac Lucrin, et ne voulant pas entraîner dans sa perte la jeune fille à qui elle devait la vie, elle avait demandé à Acté si elle se sentait assez de forces pour gagner le rivage que l'on commençait à apercevoir à la ligne sombre des collines qui semblaient, comme une découpure, séparer le ciel de la mer ; Acté, devinant le motif qui faisait agir la mère de l'empereur, avait insisté pour la suivre ; mais celle-ci lui avait ordonné positivement de la quitter, lui promettant de la rappeler près d'elle si elle n'avait rien à craindre ; Acté avait obéi, et Agrippine, inaperçue jusqu'alors, poussant un cri de détresse, avait appelé à elle la barque paresseuse, tandis qu'Acté s'éloignait invisible, blanche et légère à la surface du golfe, et pareille à un cygne qui cache sa tête dans l'eau.

Cependant, à mesure qu'Agrippine s'avançait vers la plage, la plage semblait s'éveiller à ses yeux et à ses oreilles : elle voyait des lumières insensées courir le long du bord, et le vent apportait des clameurs dont son inquiétude cherchait à deviner le sens : c'est qu'Anicétus, en rentrant au port de Bauli, avait répandu le bruit du naufrage et de la mort de la mère de l'empereur, et qu'aussitôt ses esclaves, ses cliens et ses amis, s'étaient répandus sur le rivage, dans l'espoir qu'elle regagnerait le bord vivante, ou que du moins la mer pousserait son cadavre à la rive : aussi, dès qu'au travers de l'obscurité une voile blanche fut aperçue, toute la foule se précipita vers le point où elle allait aborder, et dès qu'on eut reconnu que la barque portait Agrippine, toutes ces clameurs funèbres se changèrent en cris de joie : de sorte que la mère de César, condamnée d'un côté du golfe, mettait pied à terre de l'autre avec toutes les acclamations d'un retour et tous les honneurs d'un triomphe, et ce fut portée dans les bras de ses serviteurs et escortée de toute une population émue par cet événement et réveillée au milieu de son sommeil, qu'elle rentra dans sa villa impériale, dont les portes se refermèrent à l'instant derrière elle ; mais tous les habitans de la rive, depuis Pouzzoles jusqu'à Baïa, n'en restèrent pas moins debout, et la curiosité de ceux qui arrivaient, se mêlant à l'agitation de ceux qui avaient accompagné Agrippine depuis la mer, de nouveaux cris de joie et d'amour retentirent, demandant à voir celle à qui le sénat, sur un ordre de l'empereur, avait déféré le titre d'Auguste.

Cependant Agrippine, retirée au plus profond de ses appartemens, loin de se rendre à ces transports, en éprouvait une terreur plus grande, toute popularité étant un crime à la cour de Néron ; à plus forte raison quand cette popularité s'attachait à une tête proscrite. A peine rentrée dans sa chambre, elle avait fait venir son affranchi Agérinus, le seul homme sur lequel elle crût pouvoir compter ; elle l'avait chargé d'aller porter à Néron le message que nous l'avons vu accomplir ; puis, ce premier soin rempli, elle avait songé à ses blessures, et, après y avoir fait mettre le premier appareil, éloignant toutes ses femmes, elle s'était couchée, la tête enveloppée du manteau qui couvrait son lit, tout entière à des réflexions terribles, écoutant les clameurs du dehors, qui de moment en moment devenaient plus bruyantes ; tout à coup ces mille voix se turent, les clameurs s'éteignirent comme par enchantement, les lueurs des torches qui venaient trembler aux fenêtres comme le reflet d'un incendie s'effacèrent ; la nuit reprit son obscurité, et le silence son mystère. Agrippine sentit un tremblement mortel courir par tout son corps et une sueur froide lui monter au front, car elle devinait que ce n'était pas sans cause que cette foule s'était tue, et que ces lumières s'étaient éteintes. En effet, au bout d'un instant, le bruit d'une troupe armée qui entrait dans une cour extérieure se fit entendre, puis des pas de plus en plus distincts s'approchèrent retentissant de corridor en corridor et de chambre en chambre. Agrippine écoutait ce bruit menaçant, appuyée sur son coude, haletante, mais immobile, car, n'ayant pas l'espoir de la fuite, elle n'en avait pas même l'intention : enfin la porte de sa chambre s'ouvrit. Alors, rappelant à elle tout son courage, elle se retourna, pâle, mais résolue, et elle aperçut sur le seuil l'affranchi Anicétus, et derrière lui le tétrarque Herculéus, et Olaritus, centurion de marine ; à l'aspect d'Anicétus qu'elle savait le confident, et parfois l'exécuteur de Néron, elle comprit que c'en était fait, et, renonçant à toute plainte comme à toute supplication :

— Si tu viens en messager, dit-elle, annonce à mon fils mon rétablissement ; si tu viens en bourreau, fais ton office.

Pour toute réponse, Anicétus tira son épée, s'approcha du lit, et, pour toute prière, Agrippine, levant avec une impudeur sublime le drap qui la couvrait, ne dit au meurtrier que ces deux mots :

— *Feri ventrem!*

Le meurtrier obéit, et la mère mourut sans autre parole que cette malédiction à ses entrailles pour avoir porté un pareil fils.

Cependant Acté, en quittant Agrippine, avait continué de s'avancer vers la rive ; mais, comme elle en approchait, elle avait vu luire les torches et avait entendu des cris : ignorant ce que voulaient dire ces clameurs et ces lumières, et se sentant encore quelque force, elle avait résolu de ne prendre terre que de l'autre côté de Pouzzoles. En conséquence, et pour être encore plus cachée aux regards, elle avait suivi le pont de Caligula, nageant dans la ligne sombre qu'il projetait sur la mer, et s'attachant de temps en temps au pilotis sur lequel il était bâti, afin de prendre quelque repos ; arrivée à trois cents pas de son extrémité à peu près, elle avait vu luire le casque d'une sentinelle, et avait de nouveau repris le large, quoique sa poitrine haletante et ses bras lassés lui indiquassent le besoin instant qu'elle avait d'atteindre promptement la plage. Elle l'aperçut enfin, et telle qu'elle la désirait, basse, obscure et solitaire, tandis qu'arrivaient jusqu'à elle la lumière des torches et les cris de joie qui venaient de Baïa ; au reste, cette lumière et ces cris commençaient à cesser d'être distincts, cette plage elle-même, qu'un instant auparavant elle avait vue, disparaissait maintenant dans le nuage qui couvrait ses yeux, et au travers duquel passaient des éclairs sanglans ; un bruissement tintait à ses oreilles, incessamment augmenté, comme si des monstres marins l'eussent accompagné en battant la mer de leurs nageoires ; elle voulut crier, sa bouche se remplit d'eau, et une vague passa par dessus sa tête. Acté se sentit perdue si elle ne rappelait toutes ses forces ; par un mouvement convulsif, elle sortit la moitié du corps de l'élément qui l'oppressait, et dans ce mouvement, tout rapide qu'il fut, elle eut le temps de remplir sa poitrine d'air ; la terre d'ailleurs qu'elle avait entrevue lui semblait sensiblement rapprochée ; elle continua donc de nager, mais bientôt tous les symptômes de l'engourdissement vinrent de nouveau s'emparer d'elle, et des pensées confuses et inouïes commencèrent à se heurter dans son esprit : en quelques minutes, et confusément, elle revit tout ce qui lui était cher, et sa vie entière repassa devant son yeux ; elle croyait distinguer un vieillard lui tendant les bras et l'appelant de la rive, tandis qu'une force inconnue paralysait ses membres et semblait l'attirer dans les profondeurs du golfe. Puis c'était l'orgie qui brillait de toutes ses lueurs, et les chants qui ré-onnaient à ses oreilles. Néron, assis, tenait sa lyre ; ses favoris applaudissaient aux chants obscènes, et des courtisanes entraient, dont les danses lascives effrayaient la pudeur de la jeune fille. Alors elle voulait fuir comme elle avait fait, mais ses pieds étaient enchaînés avec des guirlandes de fleurs ; pourtant, au fond du corridor qui la conduisait à la salle du festin, elle revoyait ce vieillard qui l'appelait du geste. Ce vieillard avait autour du front comme un rayon brillant qui illuminait les ténèbres au milieu de l'ombre. Il lui faisait signe de venir à lui, et elle comprenait qu'elle était sauvée si elle y venait. Enfin, toutes ces lumières s'éteignirent, tout ce bruit se tut, elle sentit qu'elle s'enfonçait de nouveau, et jeta un cri. — Un autre cri parut lui répondre, mais aussitôt l'eau passa par dessus sa tête, comme un linceul, et tout devint ténèbres en elle, jusqu'au sentiment de l'existence ; il lui parut qu'on l'emportait pendant son sommeil, et qu'on la faisait rouler au penchant d'une montagne, jusqu'à ce qu'arrivée en bas, elle se heurtât à une pierre, — ce fut une douleur sourde comme celle qu'on éprouve pendant un évanouissement, puis elle ne sentit plus rien qu'une impression glacée, qui monta lentement vers le cœur, et qui, lorsqu'elle l'eut atteint, lui enleva tout, jusqu'à la conscience de la vie.

Lorsqu'elle revint à elle, le jour n'avait point encore paru ; elle était sur la plage, enveloppée dans un large manteau, et un homme à genoux soutenait sa tête ruisselante et échevelée ; elle leva les yeux vers celui qui lui portait du secours, et, chose étrange, elle crut reconnaître le vieillard de son agonie. C'était la même figure douce, vénérable et calme, de sorte qu'il lui semblait qu'elle continuait son rêve.

— O mon père, murmura-t-elle, tu m'as appelée à toi, et je suis venue — me voilà — tu m'as sauvé la vie ; — comment te nommes-tu, que je bénisse ton nom.

— Je me nomme Paul, dit le vieillard.

— Et qui es-tu ? continua la jeune fille.

— Apôtre du Christ, répondit-il.

— Je ne te comprends pas, reprit doucement Acté, mais n'importe, j'ai confiance en toi comme dans un père : conduis-moi où tu voudras, je suis prête à te suivre.

Le vieillard se leva et marcha devant elle.

XI.

Néron passa le reste de la nuit dans l'insomnie et dans la crainte : il tremblait qu'Anicétus ne pût rejoindre sa mère, car il pensait qu'elle n'avait fait que s'arrêter un instant à sa villa, et que ce qu'elle lui avait dit de sa souffrance et de sa faiblesse n'était qu'un moyen de gagner du temps, et de partir librement pour Rome : il la voyait déjà entrer résolue et hautaine dans sa capitale, invoquant le peuple, armant les esclaves, soulevant l'armée, et se faisant ouvrir les portes du sénat, pour demander justice de son naufrage, de ses blessures et de ses amis assassinés. A chaque bruit, il tremblait comme un enfant ; car, malgré ses mauvais traitements envers elle, il n'avait pas cessé un instant de craindre sa mère : il savait de quoi elle était capable, et ce qu'elle pouvait faire contre lui par ce qu'elle avait fait pour lui : ce ne fut qu'à sept heures du matin qu'un esclave d'Anicétus arriva au palais de Bauli, et ayant demandé d'être introduit près de l'empereur, s'agenouilla devant lui, et lui remit son propre anneau qu'il avait donné à l'assassin en signe de toute-puissance, et qu'il lui renvoyait selon leur convention sanglante, comme preuve que le meurtre était accompli : alors Néron se leva plein de joie, s'écriant qu'il ne régnait que de cette heure et qu'il devait l'empire à Anicétus.

Cependant il jugea qu'il était important de prendre les devants sur la renommée, et de donner le change à la mort de sa mère. Il fit écrire à l'instant à Rome qu'on avait surpris dans sa chambre, et armé d'un poignard pour l'assassiner, Agérinus, l'affranchi et le confident d'Agrippine, et qu'alors, apprenant que son complot avait échoué, et craignant la vengeance du sénat, elle s'était punie elle-même du crime qu'elle méditait : il ajoutait que depuis longtemps elle avait formé le dessein de lui enlever l'empire, et qu'elle s'était vantée que, l'empereur mort, elle ferait jurer au peuple, aux prétoriens et au sénat, obéissance à une femme ; il disait que les exils des personnes les plus distingués étaient son ouvrage, et comme preuve il rappelait Valérius Capito et Licinius Gabolus, anciens préteurs, ainsi que Calpurnia, femme du premier rang, et Junia Calvina, sœur de Silanus, l'ancien fiancé d'Octavie. — Il parlait aussi de son naufrage comme d'une vengeance des dieux, calomniant le ciel et mentant à la terre : au reste ce fut Sénèque qui écrivit cette épître, car, pour Néron, il tremblait tellement, qu'il ne put la signer.

Mais, ce premier moment passé, il songea, en comédien habile, à jouer la douleur comme un rôle : il essuya le rouge dont ses joues étaient encore couvertes, dénoua ses cheveux qui retombèrent épars sur ses épaules, et, substituant un habit de couleur sombre à la tunique blanche du festin, il descendit et se montra aux prétoriens, aux courtisans, et même à ses esclaves, comme accablé du coup qui venait de le frapper.

Alors il parla d'aller lui-même voir une dernière fois sa mère ; il se fit amener une barque à l'endroit où, la veille, il avait pris congé d'elle avec de si tendres démonstrations : il traversa le golfe où il avait essayé de l'engloutir, il aborda au rivage qui l'avait vue aborder, blessée et mourante ; puis il s'avança vers la villa où venait de s'achever la scène de ce grand drame : quelques courtisans, Burrhus, Sénèque et Sporus, l'accompagnaient en silence, essayant de lire sur son visage l'expression qu'ils devaient donner au leur ; il avait replacé celle d'une profonde tristesse, et, tous en entrant à sa suite dans la cour où les soldats avaient fait leur première halte, semblaient comme lui avoir perdu une mère.

Néron monta l'escalier d'un pas grave et lent, comme il convient au fils pieux qui s'approche du cadavre de celle qui lui a donné la vie. Puis, arrivé au corridor qui conduisait à la chambre, il fit un signe de la main pour que ceux qui l'accompagnaient s'arrêtassent, ne gardant avec lui que Sporus, comme s'il eût craint de s'abandonner à la douleur devant des hommes ; arrivé à la porte, il s'arrêta un instant, s'appuya contre le mur, et se couvrit le visage de son manteau comme pour cacher ses larmes, mais en effet pour essuyer la sueur qui lui coulait sur le front ; puis, après un moment d'hésitation, il ouvrit la porte d'un mouvement rapide et résolu, et entra dans la chambre.

Agrippine était toujours sur son lit. Sans doute le meurtrier avait effacé les traces de l'agonie, car on eût dit qu'elle dormait : le manteau était rejeté sur elle, et laissait à découvert seulement la tête, une partie de la poitrine et les bras, auxquels la pâleur de la mort donnait l'apparence froide et bleuâtre du marbre ; Néron s'arrêta au pied du lit, toujours suivi par Sporus, dont les yeux, plus impassibles encore que ceux de son maître, semblaient regarder avec une indifférente curiosité une statue renversée de sa base ; au bout d'un instant la figure du parricide s'éclaira ; — tous ses doutes étaient évanouis, toutes ses craintes étaient passées : le trône, le monde, l'avenir lui appartenaient enfin à lui seul ; il allait régner libre et sans entraves, Agrippine était bien morte ; puis à ce sentiment succéda une impression étrange ; ses yeux, fixés sur le bras qui l'avait serré contre son cœur, et sur le sein qui l'avait nourri, s'allumèrent d'un désir secret ; il porta la main au manteau qui couvrait sa mère, et le leva lentement de manière à découvrir entièrement le cadavre, qui resta nu. Alors il le parcourut d'un regard cynique, puis avec un regret infâme et incestueux : — Sporus, dit-il, je ne savais pas qu'elle fût si belle.

Cependant le jour était venu et avait rendu le golfe à sa vie accoutumée ; chacun avait repris ses travaux habituels. Le bruit de la mort d'Agrippine s'était répandu, et une inquiétude sourde régnait sur toute cette plage, qui n'en était pas moins couverte, comme d'habitude, de marchands, de pêcheurs et de désœuvrés ; on parlait tout haut du péril auquel avait échappé l'empereur ; on rendait grâce aux dieux quand on croyait pouvoir être entendu, puis on passait sans tourner la tête à côté d'un bûcher qu'un affranchi nommé Munster, aidé de quelques esclaves, dressait le long du chemin de Misène, près de la villa du dictateur Julius César ; mais tout ce bruit, cette inquiétude, cette rumeur, n'arrivaient pas jusqu'à la retraite où Paul avait conduit Acté. C'était une petite maison isolée qui s'élevait sur la pointe du promontoire qui regarde Nisida, et qui était habitée par une famille de pêcheurs. — Quoique le vieillard parût étranger dans cette famille, il y exerçait une autorité visible ; cependant l'obéissance qu'on paraissait avoir pour ses moindres désirs n'était point servile, mais respectueuse : c'était celle des enfans pour le père, des serviteurs pour le patriarche, des disciples pour l'apôtre.

Le premier besoin d'Acté était celui du repos ; pleine de confiance dans son protecteur, et sentant qu'à compter de ce jour quelqu'un veillait sur elle, elle avait cédé aux instances du vieillard et s'était endormie. Quant à lui, il s'était assis près d'elle, comme un père au chevet de son enfant, et, le regard fixé au ciel, il s'était plongé dans une contemplation profonde, de sorte que, lorsque la jeune fille rouvrit les yeux, elle n'eut pas besoin de chercher son protecteur ; et quoique son cœur fût brisé par les mille souvenirs qui lui revenaient au réveil, elle lui sourit tristement en lui tendant la main.

— Tu souffres ? dit le vieillard.
— J'aime, répondit la jeune fille.

Il se fit un silence d'un instant, puis Paul reprit :
— Que désires-tu ?
— Une retraite où je puisse penser à lui et pleurer.
— Te sens-tu la force de me suivre ?
— Partons, dit Acté, en faisant un mouvement pour se lever.

— Impossible en ce moment, ma fille ; si tu es fugitive, moi je suis proscrit ; nous ne pouvons voyager que pendant les ténèbres. Es-tu décidée à partir ce soir ?

— Oui, mon père.

— Une marche longue et fatigante ne t'effraie pas, toi si frêle et si délicate ?

— Les jeunes filles de mon pays sont habituées à suivre les biches à la course dans les forêts les plus épaisses et sur les montagnes les plus élevées.

— Timothée, dit le vieillard en se retournant, appelle Silas.

Le pêcheur prit le manteau brun de Paul, le fixa au bout d'un bâton, sortit à la porte de sa cabane, et enfonça le bâton dans la terre.

Ce signal ne tarda point à être aperçu, car, au bout d'un instant, un homme descendit de la montagne de Nisida sur la plage, monta dans une petite barque, et, la détachant du bord, il commença de franchir à force de rames l'espace qui sépare l'île du promontoire : la traversée ne fut pas longue ; au bout d'un quart-d'heure à peu près, il toucha la rive à cent pas de la maison où il était attendu, et cinq minutes après il parut sur le seuil de la porte. Cette apparition fit tressaillir Acté ; elle n'avait rien vu de ce qui s'était passé : elle regardait Bauli.

Le nouvel arrivé, qu'à son teint cuivré, au turban qui ceignait sa tête, et à la finesse de ses formes, on reconnaissait pour un enfant de l'Arabie, s'avança respectueusement, et salua Paul dans une langue inconnue. Paul alors lui dit dans cette même langue quelques paroles où la bienveillance de l'ami se joignait à l'autorité du maître : Silas, pour toute réponse, fixa plus solidement ses sandales à ses pieds, serra ses reins avec une corde, prit un bâton de voyage, s'agenouilla devant Paul, qui lui donna sa bénédiction, et sortit.

Acté regardait Paul avec étonnement. Quel était ce vieillard au commandement doux et ferme à la fois, qui était obéi comme un roi et respecté comme un père ? Le peu qu'elle était restée à la cour de Néron lui avait montré la servilité sous toutes les formes, mais la servilité basse et craintive, fille de la terreur, et non l'empressement, fils du respect. Y avait-il deux empereurs dans le monde, et celui qui se cachait était-il plus puissant sans trésors, sans esclaves et sans armée, que l'autre avec les richesses de la terre, ses cent vingt millions de sujets, et deux cent mille soldats. Ces idées s'étaient succédées dans la tête d'Acté avec une si grande rapidité, et s'y étaient fixées avec une telle conviction, qu'elle se retourna vers Paul, et que, joignant les mains avec le même crainte et le même respect qu'elle avait vu manifester à tout ce qui approchait ce saint vieillard :

— O seigneur ! lui dit-elle, qui es-tu donc, pour que chacun t'obéisse sans paraître te craindre ?

— Je te l'ai dit, ma fille, je m'appelle Paul, et je suis apôtre.

— Mais qu'est-ce qu'un apôtre ? répondit Acté : est-ce un orateur comme Démosthènes ? est-ce un philosophe comme Sénèque ? Chez nous l'éloquence est représentée avec des chaînes d'or qui lui sortent de la bouche. — Enchaînes-tu les hommes avec ta parole ?

— Je porte la parole qui délie et non celle qui enchaîne, répondit Paul en souriant ; et, loin de dire aux hommes qu'ils sont esclaves, je suis venu dire aux esclaves qu'ils étaient libres.

— Voilà que je ne te comprends plus, et cependant tu parles ma langue maternelle comme si tu étais Grec.

— J'ai resté six mois à Athènes et un an et demi à Corinthe.

— A Corinthe, murmura la jeune fille en cachant sa tête entre ses mains, et y a-t-il longtemps de cela ?

— Il y a cinq ans.

— Et que faisais-tu à Corinthe ?

— Pendant la semaine, je travaillais à faire des tentes pour les soldats, les matelots et les voyageurs, car je ne voulais pas être à charge à l'hôte généreux qui m'avait reçu ; — puis, les jours de sabbat, je prêchais dans la synagogue, recommandant la modestie aux femmes, la tolérance aux hommes, et à tous les vertus évangéliques.

— Oui, oui, je me rappelle maintenant avoir entendu parler de toi, dit Acté ; ne logeais-tu pas près de la synagogue des Juifs, dans la maison d'un noble vieillard nommé Titus Justus ?

— Tu le connaissais ? s'écria Paul avec une joie visible.

— C'était l'ami de mon père, répondit Acté ; oui, oui, je me rappelle maintenant : les Juifs te dénoncèrent, et te menèrent à Gallion, qui était proconsul d'Achaïe et frère de Sénèque ; mon père me conduisit à la porte comme tu passais, et me dit : — Regarde, ma fille, voilà un juste.

— Et comment s'appelait ton père ? comment t'appelles-tu ?

— Mon père s'appelait Amyclès, et je m'appelle Acté.

— Oui, oui, je me rappelle à mon tour, ce nom ne m'est pas inconnu. Mais comment as-tu quitté ton père ? Pourquoi as-tu abandonné ta patrie ? D'où vient que je t'ai trouvée seule et mourante sur une plage ? Dis-moi tout cela, mon enfant, ma fille, et, si tu n'as plus de patrie, je t'en offrirai une ; si tu n'as plus de père, je t'en rendrai un.

— Oh ! jamais, jamais ! je n'oserai te raconter !...

— Cette confession est donc bien terrible ?

— Oh ! je mourrai de honte à la moitié du récit.

— Eh bien ! donc, c'est à moi de m'humilier pour que tu t'élèves, je vais te dire qui je suis, pour que tu me dises qui tu es ; je vais te confesser mes crimes pour que tu m'avoues tes fautes.

— Vos crimes !...

— Oui, mes crimes ; je les ai expiés, grâce au Ciel, et le Seigneur m'a pardonné, je l'espère !... Ecoute-moi, mon enfant, car je vais te dire des choses dont tu n'as aucune idée, que tu comprendras un jour, et que tu adoreras, quand tu les auras comprises.

Je suis né à Tarse en Cilicie ; le dévoûment de ma ville natale à Auguste avait valu à ses habitants le titre de citoyens romains, de sorte que mes parents dé à riches jouissaient, outre leurs richesses, des avantages attachés au rang que leur avait accordé l'empereur : c'est là que j'étudiai les lettres grecques, qui florissaient chez nous à l'égal d'Athènes. Puis mon père, qui était juif et de la secte pharisienne, m'envoya étudier à Jérusalem, sous Gamaliel, savant et sévère docteur dans la loi de Moïse. Alors je ne m'appelais pas Paul, mais Saül.

Il y avait vers ce temps à Jérusalem un jeune homme plus âgé que moi de deux ans : on le nommait *Jésus*, c'est-à-dire sauveur, et l'on racontait de merveilleuses choses sur sa naissance. Un ange était apparu à sa mère, l'avait saluée au nom de Dieu, et lui avait annoncé qu'elle était élue entre toutes les femmes pour enfanter le Messie ; quelque temps après, cette jeune fille avait épousé un vieillard nommé Joseph, qui, s'étant aperçu qu'elle était enceinte, et ne voulant pas la déshonorer, avait résolu de la renvoyer secrètement à sa famille. Mais lorsqu'il était dans cette pensée, le même ange du Seigneur qui avait apparu à Marie lui apparut à son tour et lui dit : Joseph, fils de David, ne craignez pas de prendre avec vous Marie, votre femme, car ce qui est né dans elle a été formé par le Saint-Esprit. Vers ce même temps on publia un édit de César Auguste pour faire le dénombrement de tous les habitants de toute la terre : ce fut le premier dénombrement qui se fit par Cyrénus, gouverneur de Syrie, et comme tous allaient se faire enregistrer chacun dans sa ville, Joseph partit aussi de la ville de Nazareth, qui est en Galilée, et vint en Judée, à la ville de David, appelée Bethléem, pour se faire enregistrer avec Marie, son épouse ; mais pendant qu'ils étaient là, il arriva que le temps auquel elle devait accoucher s'accomplit : elle enfanta son fils premier-né, et l'ayant emmailloté, elle le coucha dans une crèche, parce qu'il n'y avait point de place pour eux dans l'hôtellerie. Or, il y avait dans les environs des bergers qui passaient la nuit dans les champs veillant tour à tour à la garde de leur troupeau : tout à coup un ange du Seigneur se présenta à eux ; une lumière divine les environna, ce qui les remplit d'une extrême crainte : alors l'ange leur dit : — Ne craignez rien, car je viens vous apporter une nouvelle qui sera pour tout le peuple le sujet d'une grande joie : c'est qu'aujourd'hui, dans la ville de David, il vous est né un sauveur qui est le Christ.

C'est que Dieu avait regardé la terre, et il avait pensé que les temps préparés par sa sagesse étaient venus. Le monde entier, ou du moins tout ce que la science païenne connaissait du monde, obéissait à un seul pouvoir. Tyr et Sidon s'étaient écroulés à la parole du prophète ; Carthage était rasée au niveau de ses sables, la Grèce conquise, les Gaules vaincues, Alexandrie brûlée ; un seul homme commandait à cent provinces par la voix de ses proconsuls, et partout on sentait la pointe du glaive dont la poignée était à Rome. Cependant, malgré sa puissance apparente, l'édifice païen craquait sur sa base d'argile : un malaise inconnu et universel annonçait que le vieux monde était malade au cœur, qu'une crise était imminente, et que des choses nouvelles et inconnues allaient éclater : c'est qu'il n'y avait plus de justice parce qu'il y avait trop de pouvoir ; c'est qu'il n'y avait plus d'hommes, parce qu'il y avait trop d'esclaves ; c'est qu'il n'y avait plus de religion, parce qu'il avait trop de dieux. Or, comme je te l'ai dit, au moment où j'arrivai à Jérusalem, un homme m'y avait précédé, qui disait aux puissans : — Ne faites que ce qui vous a été ordonné, et rien au-delà. — Aux riches : — Que celui qui a deux vêtemens en donne un à celui qui n'en a point. — Aux maîtres : — Il n'y a ni premier ni dernier, le royaume de la terre est aux forts, mais le royaume des cieux est aux faibles. Et à tous : — Les dieux que vous adorez sont de faux dieux, il n'y a qu'un Dieu unique et tout-puissant qui a créé le monde, et ce Dieu est mon père, car c'est moi qui suis le Messie qui vous a été promis par les Écritures.

Aveugle et sourd que j'étais alors, je fermai les yeux et les oreilles, ou plutôt l'envie m'aveugla ; puis vint la haine, qui me perdit. Voici à quelle occasion je devins le persécuteur ardent de l'homme-Dieu, dont je suis aujourd'hui l'indigne mais fidèle apôtre.

Un jour que nous avions pêché, Pierre et moi, toute la journée inutilement, sur l'ancien lac de Génésareth, aujourd'hui appelé de Tibériade, Jésus vint au bord du lac, poussé par la foule du peuple qui voulait entendre sa parole : la barque de Pierre se trouvant la plus proche du rivage, ou Pierre étant meilleur que moi, Jésus monta sur sa barque, et s'y étant assis, il continua d'enseigner la foule qui l'écoutait du rivage ; puis, lorsqu'il eut cessé de parler, il dit à Pierre : — Avancez en pleine eau et jetez vos filets pour pêcher. Pierre lui répondit : — Maître, nous avons travaillé toute la nuit sans rien prendre, comment donc serions-nous plus heureux maintenant ? — Faites ce que je vous dis, continua Jésus.

Et Pierre ayant jeté son filet, il prit une si grande quantité de poissons, que peu s'en fallut que son filet ne rompît, et alors il en remplit tellement sa barque, qu'elle faillit en couler à fond. Aussitôt Pierre, Jacques et Jean, fils de Zébédée, qui étaient dans la barque avec lui, se jetèrent à ses genoux, reconnaissant qu'il y avait là un miracle ; mais Jésus leur dit : — Rassurez-vous, votre tâche est finie comme pêcheurs de poissons ; votre emploi désormais sera de prendre les hommes ; et, descendant au rivage, il les emmena après lui.

Resté seul je me dis : pourquoi ne prendrais-je pas aussi des poissons là où les autres en ont pris ; j'allai où ils avaient été, je jetai dix fois mes filets à la même place où ils avaient jeté les leurs, et je retirai dix fois mes filets vides. Alors au lieu de me dire : Cet homme est vraiment ce qu'il dit être, c'est-à-dire l'envoyé de Dieu, je me dis : Cet homme est sans doute un magicien qui connaît des charmes, et je me sentis prendre le cœur d'une grande envie contre lui.

Mais comme vers ces temps il quitta Jérusalem pour aller prêcher par toute la Judée, ce sentiment s'effaça peu à peu, et j'avais oublié celui qui me l'avait inspiré, lorsqu'un jour que nous vendions comme d'habitude dans le temple, nous entendîmes dire que Jésus revenait, plus glorifié qu'il n'avait jamais été : il avait guéri un paralytique dans le désert, il avait rendu la vue à un aveugle à Jéricho, et il avait ressuscité un jeune homme à Naïm. Aussi, partout où il passait les peuples étendaient leurs manteaux sur son chemin, et ses disciples l'accompagnaient, transportés de joie, portant des palmes et louant le Seigneur à haute voix pour toutes les merveilles qu'ils avaient vues.

Ce fut au milieu de ce cortège qu'il s'avança vers le temple ; mais voyant qu'il était encombré de vendeurs et d'acheteurs, il commença à nous chasser tous en disant : — Il est écrit que ma maison est une maison de prières, et vous en avez fait une caverne de voleurs. — Nous voulûmes résister d'abord, mais nous vîmes bientôt que ce serait inutile, et qu'il n'y avait aucun moyen de rien faire contre cet homme, parce que tout le peuple était comme suspendu à ses lèvres en admiration de ce qu'il disait. Alors mon ancienne inimitié contre Jésus se réveilla, augmentée de ma colère nouvelle ; mon envie devint de la haine.

Quelques temps après j'appris que le soir même de la Pâques qu'il avait faite avec ses disciples, Jésus avait été arrêté, selon l'ordre du grand-prêtre, par une troupe de gens armés que guidait Judas, son disciple ; puis, qu'il avait été conduit à Pilate, qui, ayant connu qu'il était de Nazareth, l'avait renvoyé à Hérode, dans la juridiction duquel était la Galilée. Mais Hérode, n'ayant rien trouvé contre lui, et ce n'est qu'il se disait roi des Juifs, le renvoya à Pilate, qui, ayant fait venir les princes des prêtres, les sénateurs et le peuple, leur dit : — Vous m'avez présenté cet homme comme coupable de révolte, mais ni Hérode ni moi ne l'avons trouvé coupable des crimes dont vous l'accusez : donc, comme il n'a rien fait qui mérite la peine de mort, je vais le faire châtier et le renvoyer.

Mais tout le peuple se mit à crier : — C'est aujourd'hui la fête de Pâques, et vous devez nous délivrer un criminel : faites mourir celui-ci, et nous donnez Barrabas.

— Et moi, interrompit le vieillard d'une voix étouffée, moi j'étais parmi le peuple, et je criais avec lui de toute la force de ma haine : — Faites mourir celui-ci et nous donnez Barrabas.

Pilate parla de nouveau à la foule demandant la vie de Jésus ; mais la foule répondit : — Crucifiez-le, crucifiez-le.

— Et moi, continua le vieillard en se frappant la poitrine, j'étais une des voix de cette foule, et je criais de toute la force de ma voix : — Crucifiez-le, crucifiez-le.

Si bien que Pilate ordonna que Barrabas serait mis en liberté, et abandonna Jésus à la volonté de ses bourreaux !...

Hélas ! hélas ! dit le vieillard en se prosternant la face contre terre, hélas ! Seigneur, pardonnez-moi ; Seigneur, je vous suivis au Calvaire ; Seigneur, je vous vis clouer les pieds et les mains ; Seigneur, je vous vis percer le côté ; Seigneur, je vous vis boire le fiel ; Seigneur, je vis le ciel se couvrir de ténèbres, je vis le soleil s'obscurcir, je vis le voile du temple se déchirer par le milieu ; Seigneur, je vous entendis jeter un grand cri en disant : — Mon père, je remets mon âme entre vos mains ; Seigneur, à votre voix je sentis trembler la terre jusqu'en ses fondemens !... ou plutôt je ne vis rien, je n'entendis rien, car, je vous l'ai dit, Seigneur, j'étais aveugle, j'étais sourd... Seigneur, Seigneur, pardonnez-moi ; c'est ma faute, c'est ma faute, c'est ma très grande faute.

Et le vieillard demeura quelque temps le front dans la poudre, priant et gémissant tout bas, tandis qu'Acté le regardait, muette et les mains jointes, surprise de ce remords et de cette humilité chez un homme qu'elle croyait si puissant !...

Enfin il se releva et dit :

— Ce n'est pas tout encore, ô ma fille. Ma haine pour les disciples succéda à ma haine pour le prophète. Les apôtres, occupés du ministère de la parole, avaient choisi sept diacres pour la distribution des aumônes : le peuple se souleva contre un de ses diacres, nommé Etienne, et le força de comparaître au conseil, où de faux témoins l'accusèrent d'avoir proféré des blasphèmes contre Dieu, Moïse et sa loi. Etienne fut condamné ; aussitôt ses ennemis se jetèrent sur lui, le traînèrent hors de Jérusalem, pour le lapider selon la loi contre les blasphémateurs. J'étais parmi ceux qui avaient demandé la mort du premier martyr : je ne jetai point de pierres contre lui, mais je gardai les manteaux de ceux qui lui en jetaient. Sans doute j'eus part aux prières du saint condamné, lorsqu'il s'écria, dans cette imprécation sublime, inconnue jusqu'à Jésus-Christ : — Seigneur, Seigneur ne leur imputez pas ce péché, car ils ne savent ce qu'ils font !

Cependant si le moment de la grâce n'était point arrivé il approchait du moins à grands pas. Les chefs de la synagogue, voyant mon ardeur à poursuivre la jeune Eglise, m'envoyèrent en Syrie pour rechercher les nouveaux chrétiens et les ramener à Jérusalem. Je suivis les bords du Jourdain depuis la rivière Jabok jusqu'à Capharnaüm. Je revis les rives du lac de Génésareth, où avait eu lieu la pêche miraculeuse ; enfin j'atteignis à la chaîne d'Hermon, toujours persévérant dans ma vengeance, lorsqu'en arrivant au haut d'une montagne de laquelle on découvre la plaine de Damas et les vingt-sept rivières qui l'arrosent, tout à coup je fus environné et frappé d'une lumière du ciel : alors je tombai comme tombe un homme mort, et j'entendis une voix qui me disait : — Saül ! Saül ! pourquoi me persécutez-vous ?

— Seigneur, dis-je en tremblant, qui êtes-vous, et que me voulez-vous ?

— Je suis, répondit la voix, Jésus, que vous persécutez, et je veux vous employer à propager ma parole, vous qui jusqu'ici avez essayé de l'étouffer.

— Seigneur, continuai-je plus tremblant et plus effrayé encore qu'auparavant, Seigneur, que faut-il que je fasse ?

— Levez-vous et entrez dans la ville, et l'on vous dira là ce que vous avez à faire.

Et les gens qui m'accompagnaient étaient presque aussi épouvantés que moi, car une voix puissante frappait leurs oreilles, et ils ne voyaient personne ; enfin, n'entendant plus rien, je me levai et j'ouvris les yeux : mais il me sembla qu'à cette lumière éclatante avait succédé la nuit la plus obscure. J'étais aveugle : j'étendis donc les bras et je dis : — Conduisez-moi, car je n'y vois plus. — Alors un de mes serviteurs me prit par la main et me conduisit à Damas, où je restai trois jours sans voir, sans boire et sans manger.

Puis, le troisième jour, il me sembla qu'un homme s'avançait vers moi, que je ne connaissais pas, et que cependant je savais s'appeler Ananie ; au même instant je sentis qu'on m'imposait les mains, et une voix me dit : — Saül, mon frère, le Seigneur Jésus, qui vous est apparu dans le chemin par où vous veniez, m'a envoyé afin que vous recouvriez la vue, et que vous soyez rempli du Saint-Esprit. Aussitôt il me tomba des yeux comme des écailles, et je vis. Alors, tombant à genoux, je demandai le baptême.

Depuis lors, aussi ardent dans ma foi que j'avais été acharné dans ma haine, j'ai traversé la Judée depuis Sidon jusqu'à Arad, et du mont Seïr au torrent de Besor ; j'ai parcouru l'Asie, la Bithynie, la Macédoine ; j'ai vu Athènes et Corinthe, j'ai touché à Malte, j'ai abordé à Syracuse, et de là, côtoyant la Sicile, j'entrai dans le port de Pouzzoles, où je suis depuis quinze jours, attendant des lettres de Rome, qui me sont arrivées hier ; ces lettres sont écrites par mes frères qui m'appellent près d'eux. Le jour du triomphe est arrivé, et Dieu nous prépare la route ; car, tandis qu'il envoie l'espérance au peuple, il envoie la folie aux empereurs, afin de saper le vieux monde par sa base et par son sommet. Ce n'est pas le hasard, mais la Providence qui a distribué la terreur à Tibère, l'imbécillité à Claude, et la folie à Néron. De pareils empereurs font douter des dieux qu'ils adorent : aussi, dieux et empereurs tomberont-ils ensemble, les uns méprisés et les autres maudits.

— O mon père ! s'écria Acté... arrêtez... ayez pitié de moi !...

— Eh ! qu'as-tu affaire à ces hommes de sang ? répondit Paul étonné.

— Mon père, continua la jeune fille en se cachant la tête dans ses mains, tu m'as raconté ton histoire et tu me demandes la mienne ; la mienne est courte, terrible et criminelle : Je suis la maîtresse de César !

— Je ne vois là qu'une faute, mon enfant, répondit Paul en s'approchant d'elle avec intérêt et curiosité.

— Mais je l'aime, s'écria Acté ; je l'aime plus que jamais je n'aimerai ni homme ni femme sur la terre ni dieux dans le ciel.

— Hélas ! hélas ! murmura le vieillard, voilà où est le crime ; — et, s'agenouillant dans un coin de la cabane, il se mit à prier.

XII.

Lorsque la nuit fut venue, Paul ceignit à son tour ses reins, assura ses sandales, prit son bâton, et se retourna vers Acté : elle était prête, et résolue à fuir. Où allait-elle ? peu lui importait ! elle s'éloignait de Néron ; et, dans ce moment, l'horreur et la crainte qu'elle avait éprouvées la veille, la poussaient encore à accomplir ce projet ; mais elle sentait elle-même que si elle tardait d'un jour, que si elle revoyait cet homme qui avait pris sur son cœur une si puissante influence, tout était fini ; qu'elle n'aurait plus de courage et de forces que pour l'aimer, malgré tout et contre tout, et que sa vie inconnue irait encore se perdre dans cette vie puissante et agitée, comme un ruisseau dans l'Océan ; car, pour elle, chose étrange, son amant était toujours Lucius, et jamais Néron : le vainqueur des jeux olympiques était un autre homme que l'empereur, et son existence se partageait en deux phases bien distinctes : l'une qui était son amour pour Lucius, et dont elle sentait toute la réalité ; l'autre, qui était l'amour de Néron pour elle, et qui lui semblait un rêve.

En sortant de la cabane, ses yeux se portèrent sur le golfe, témoin la veille de la terrible catastrophe que nous avons racontée : l'eau était calme, l'air était pur, la lune éclairait le ciel, et le phare de Misène la terre ; de sorte qu'on voyait l'autre côté du golfe aussi bien que dans un jour d'occident. Acté aperçut la masse sombre des arbres qui environnaient Bauli, et, pensant que c'était là qu'était Lucius, elle s'arrêta en soupirant. Paul attendit un instant ; puis, faisant quelques pas vers elle, il lui dit d'une voix compatissante :

— Ne viens-tu pas, ma fille ?

— O mon père ! dit Acté, n'osant avouer au vieillard les sentimens qui la retenaient, hier, j'ai quitté Néron avec Agrippine sa mère ; le bâtiment que nous montions a fait naufrage, nous nous sommes sauvées en nageant toutes deux, et je l'ai perdue au moment qu'une barque la recueillait. Je voudrais bien ne pas abandonner cette plage sans savoir ce qu'elle est devenue.

Paul étendit la main dans la direction de la villa de Julius César, et montrant à Acté une grande lueur qui s'élevait entre ce bâtiment et le chemin de Misène :

— Vois-tu cette flamme ? lui dit-il.

— Je la vois, répondit Acté.

— Eh bien ! continua le vieillard, cette flamme est celle de son bûcher.

Et, comme s'il eût compris que ce peu de mots répondaient à toutes les pensées de la jeune femme, il se remit en route. En effet, Acté le suivit aussitôt sans prononcer une parole, sans pousser un soupir.

Ils côtoyèrent la mer pendant quelque temps, traversèrent Pouzzoles ; puis ils prirent le chemin de Naples. Arrivés à une demi-lieue de la ville, ils la laissèrent à droite, et allèrent par un sentier rejoindre la route de Capoue.

Vers une heure du matin, ils aperçurent Atella, et bientôt, sur la route, un homme debout qui semblait les attendre : c'était Silas, l'envoyé de Paul. Le vieillard échangea avec lui quelques mots ; Silas prit à travers champs, Paul et Acté le suivirent, et ils arrivèrent à une petite maison isolée, où ils étaient attendus, car au premier coup que frappa Silas la porte s'ouvrit.

Toute la famille, y compris les serviteurs, était rassemblée dans un atrium élégant, et paraissait attendre. Aussi, à peine le vieillard eut-il paru sur le seuil, que chacun s'agenouilla. Paul étendit les mains sur eux et les bénit ; puis, la maîtresse de la maison le conduisit au triclinium, et avant le souper, qui était servi et qui attendait, elle voulut elle-même laver les pieds du voyageur. Quant à Acté, étrangère à cette religion nouvelle, tout entière aux mille pensées qui lui brisaient le cœur, elle demanda à se retirer. Aussitôt, une belle jeune fille de quinze ou seize ans, voilée comme une vestale, marcha devant elle et la conduisit à sa propre chambre, où, un instant après, elle revint elle-même lui apportant sa part du repas de la famille.

Tout était un sujet d'étonnement pour Acté ; elle n'avait jamais entendu parler des chrétiens chez son père que comme d'une secte d'idéologues insensés qui venait augmenter le nombre de toutes ces petites écoles systématiques où se discutaient le dogme de Pythagore, la morale de Socrate, la philosophie d'Epicure ou les théories de Platon ; et, à la cour de César, que comme d'une race impie livrée aux plus affreuses superstitions et aux plus infâmes débauches, bonne à jeter au peuple, lorsque le peuple demandait une expiation ; bonne à jeter aux lions, lorsque les grands demandaient une fête. Il n'y avait qu'un jour qu'elle avait été secourue par Paul ; il n'y avait qu'un jour qu'elle voyait des chrétiens, et cependant ce peu d'heures avait suffi pour détruire toute cette fausse opinion que la philosophie grecque et la haine impériale avaient pu lui donner. Ce qu'elle avait surtout compris dans la secte nouvelle, c'était le dévouement, car le dévouement est presque toujours, quelles que soient sa croyance et sa foi, la vertu dominante de la femme qui aime ; de sorte qu'elle s'était laissé prendre d'une sympathie instinctive à cette religion qui commandait aux puissans la protection envers les faibles, aux riches la charité envers les pauvres, et aux martyrs la prière pour leurs bourreaux.

Le soir, à la même heure qu'elle était partie la veille, elle se remit en chemin. Cette fois, la route fut plus longue, les voyageurs laissèrent à leur droite Capoue, qu'une faute d'Annibal a illustrée à l'égal d'une victoire ; puis ils s'arrêtèrent sur les rives du Volturne. A peine y étaient-ils, qu'une barque sortit d'une petite anse, conduite par un batelier, et s'approcha d'eux. Arrivés sur le bord, Paul et l'inconnu échangèrent un signe de reconnaissance : le vieillard et Acté descendirent dans la barque.

Déposé sur l'autre rive, Paul tendit une pièce de monnaie au batelier ; mais celui-ci, tombant à genoux, baisa en silence le bas du manteau de l'apôtre, et resta humilié et priant dans cette posture encore longtemps après que celui auquel il venait de donner cette marque de respect se fût éloigné de lui. Vers les trois heures, un homme, assis sur une de ces pierres que les Romains plaçaient aux revers des routes pour aider les voyageurs à remonter sur leurs chevaux, se leva à leur approche : c'était leur silencieux et vigilant courrier, qui les attendait comme la veille pour les guider vers leur asile du soir. Cette fois, ce n'était plus une maison élégante, comme celle de la veille, qui les attendait : c'était une pauvre chaumière ; ce n'était pas un souper splendide, servi dans un triclinium de marbre, c'était la moitié d'un pain trempé de larmes, c'était le nécessaire du pauvre, offert avec le même respect que le superflu du riche.

Un homme les reçut : il avait au front le stigmate des esclaves, un collier de fer au cou, deux cercles de fer aux jambes ; c'était le berger d'une riche villa ; il menait paître des milliers de brebis appartenant à un maître dur et avare, et il n'avait pas une peau de mouton à jeter sur ses épaules ; il avait placé sur une table un pain, près de ce pain un de ces vases de grès, à la matière commune, mais à la forme charmante ; puis il avait étendu dans un coin de la chambre un lit de fougères et de roseaux ; et en faisant cela sans doute cet homme avait fait plus aux yeux du Seigneur que n'aurait pu faire le riche avec la plus splendide hospitalité.

Paul s'assit à table, et Acté près de lui ; puis leur hôte, ayant fait ce qu'il avait pu pour eux, entra dans une chambre à côté, et bientôt ils entendirent à travers la porte mal fermée des plaintes et des sanglots. Acté posa sa main sur le bras de Paul :

— N'entendez-vous pas, mon père ? lui dit-elle.

— Oui, ma fille, répondit le vieillard ; on pleure ici des larmes amères, mais celui qui afflige peut consoler.

Un instant après leur hôte rentra, et alla s'asseoir, sans dire un mot, dans un coin de la chambre ; puis, appuyant ses coudes sur ses genoux, il laissa tomber sa tête entre ses mains.

Acté, le voyant si triste et si accablé, alla s'agenouiller près de lui :

— Esclave, lui dit-elle tout bas, pourquoi ne t'adresses-tu pas à cet homme ? peut-être aurait-il quelque remède à ton affliction, quelque consolation à ta douleur.

— Merci, lui répondit l'esclave, mais notre affliction et notre douleur ne sont pas de celles qu'on guérit avec des paroles.

— Homme de peu de foi, dit Paul en se levant, pourquoi doutes-tu ? ne sais-tu pas les miracles du Christ ?

— Oui, mais le Christ est mort, s'écria l'esclave en secouant la tête ; les Juifs lui ont mis les bras en croix, et il est maintenant au ciel, à la droite de son père. Béni soit son nom !

— Ne sais-tu pas, reprit Paul, qu'il a légué son pouvoir à ses apôtres ?

— Mon enfant, mon pauvre enfant ! dit le père, éclatant en sanglots, et sans répondre au vieillard.

Un gémissement sourd, qui se fit entendre dans la chambre à côté, s'éveilla comme un écho à cette explosion de douleur.

— O mon père ! dit Acté en revenant vers Paul, si vous pouvez quelque chose pour ces malheureux, faites ce que vous pouvez, je vous en supplie ; car quoique j'ignore la cause de leur désespoir, il me déchire l'âme ; demandez-lui donc ce qu'il a, peut-être vous répondra-t-il, à vous.

— Ce qu'il a, je le sais, dit le vieillard : il manque de foi.

— Et comment voulez-vous que je croie, dit l'affligé ? Comment voulez-vous que j'espère ? Toute ma vie jusqu'aujourd'hui n'a été qu'une douleur : esclave et fils d'esclave, je n'ai jamais eu une heure de joie ; enfant, je n'étais pas même libre au sein de ma mère ; jeune homme, il m'a fallu travailler incessamment sous la verge et sous le fouet ; père et époux, on me retient chaque jour la moitié du pain qui serait nécessaire à ma femme et à mon enfant ! à mon enfant qui, atteint jusque dans le ventre de sa mère par les coups dont ils l'ont accablée pendant sa grossesse, est venu au monde maudit, estropié, muet ! mon enfant, que nous aimions, tout frappé de la colère céleste qu'il était, et que nous espérions voir échapper à son sort par son malheur même ! Eh bien ! non, c'était trop de bonheur ! son maître l'a vendu hier à un de ces hommes qui font trafic de chair ; qui estiment ce que peut rapporter chaque infirmité ; qui s'enrichissent à faire mendier pour eux sur la place de Rome des malheureux dont chaque soir ils rouvrent les plaies ou ferment les membres ; et demain, demain ! on nous l'arrache pour le livrer à cette torture ; lui, pauvre innocent, qui n'aura pas même une voix pour se plaindre, pour nous appeler à son secours et pour maudire ses bourreaux !...

— Et si Dieu guérissait ton enfant ? dit le vieillard.

— Oh ! alors, on ne nous le laisserait pas, s'écria le père, car ce qu'ils vendent et achètent, ces misérables, c'est sa misère et son infortune, ses jambes brisées, sa langue muette ; s'il marchait et s'il parlait, ce serait un enfant comme tous les enfans, et il n'aurait de valeur que lorsqu'il deviendrait un homme.

— Ouvre cette porte, dit Paul.

L'esclave se leva, l'œil fixe et le visage étonné, plein de doute et d'espoir à la fois, et s'approchant de la porte, il obéit à l'ordre que venait de lui donner le vieillard. Le regard d'Acté, tout voilé de larmes qu'il était, put alors pénétrer dans la seconde chambre ; il y avait, comme dans la première, un lit de paille ; sur cette paille, un enfant de quatre ou cinq ans était assis, souriant avec insouciance, et jouant avec quelques fleurs, tandis que, près de lui, la face contre terre, raidie et immobile, une femme était couchée, les mains enfoncées dans ses cheveux, et pareille à une statue du Désespoir.

La figure de l'apôtre prit à ce spectacle une expression sublime de confiance et de foi : ses yeux se levèrent vers le ciel, fixes et ardens, comme s'ils pénétraient jusqu'au trône du Saint des saints ; un rayon de lumière se joua autour de ses cheveux blancs comme une auréole, et, sans quitter sa place, sans faire un pas, il étendit lentement et gravement la main vers l'enfant, et dit ces seules paroles : — Au nom du Dieu vivant qui a créé le ciel et la terre, lève-toi et parle !

Et l'enfant se leva et dit :

— Seigneur ! Seigneur ! que votre saint nom soit béni !

La mère bondit en jetant un cri, le père tomba à genoux : l'enfant était sauvé.

Et Paul ferma la porte sur eux en disant :

— Voilà une famille d'esclaves dont le bonheur ferait envie à une famille d'empereur.

La nuit suivante, ils continuèrent leur route, et ils arrivèrent à Fondi ; ainsi, pendant tout ce voyage nocturne et mystérieux, Acté revoyait, les uns après les autres, les lieux qu'elle avait parcourus avec Néron lors de son triomphe ; c'était à Fondi qu'ils avaient été si splendidement reçus par Galba, ce vieillard à qui les oracles promettaient la couronne ; sa vue avait rappelé cette prédiction à l'empereur qui l'avait oubliée, grâce à l'obscurité dans laquelle le futur César affectait de vivre, de sorte qu'à peine arrivé à Rome, son premier soin avait été de l'éloigner de l'Italie ; en conséquence, Galba avait reçu le commandement de l'Espagne, et il était parti aussitôt, plus empressé peut-être encore de s'éloigner de l'empereur, que l'empereur n'était empressé lui-même à l'éloigner de l'empire.

Avant de partir, il avait affranchi ses esclaves les plus fidèles, et ce fut chez l'un de ces affranchis, converti à la foi chrétienne, que Silas prépara le gîte du vieillard et de la jeune fille. Cet esclave avait été jardinier du verger de Galba, et il avait reçu en don, le jour de son affranchissement, la petite maison qu'il habitait dans les jardins de son maître : des fenêtres de cette humble cabane, Acté voyait, à la clarté de la lune, la magnifique villa où elle avait logé avec Lucius. L'un de ces deux voyages était pour elle un rêve ; que de choses étranges elle avait apprises ! que d'illusions elle avaient touchées du doigt, et qui s'étaient envolées ! que de douleurs, qu'elle croyait alors ne pouvoir pas même exister, et qui s'étaient réalisées depuis cette époque ! Comme tout avait changé pour elle ; comme ces jardins fleuris où elle croyait marcher encore s'étaient séchés et flétris ; comme dans sa vie aride et solitaire son amour seul était resté vivant, toujours nouveau, toujours le même, toujours debout et inébranlable comme une pyramide au milieu du désert !

Trois jours, ou plutôt trois nuits encore, ils continuèrent leur route ; se cachant lorsque la lumière paraissait, et reprenant leur voyage dès que l'ombre descendait du ciel, toujours précédés par Silas, et s'arrêtant toujours chez de nouveaux adeptes, car déjà la foi commençait à compter, surtout parmi les esclaves et le peuple, un grand nombre de néophytes : enfin le troisième soir ils partirent de Velletri, cette ancienne capitale des Volsques qui avait donné la mort à Coriolan et le jour à Auguste ; et, comme la lune s'élevait sur l'horizon, ils arrivèrent au sommet de la montagne d'Albano. Cette fois Silas ne les avait pas quittés ; seulement il marchait devant eux à la distance de trois à quatre cents pas. Mais, parvenu au tombeau d'Ascagne, il s'arrêta, attendant qu'ils le rejoignissent, et, étendant la main vers l'horizon, où brillaient une multitude de lumières, et d'où venait un grand murmure, il ne dit que ce mot qui annonçait au vieillard et à la jeune fille qu'ils touchaient au terme de leur voyage :

— Rome !...

Paul se jeta à genoux, remerciant le Seigneur de l'avoir conduit, après tant de dangers, au terme de son voyage et au but qui lui était promis. Quant à Acté, elle s'appuya contre le sépulcre pour ne pas tomber, tant il y avait de souvenirs doux et cruels dans le nom de cette ville, à cette place d'où elle l'avait aperçue pour la première fois.

— O mon père ! dit la jeune fille, je t'ai suivi sans te demander où nous allions ; mais si j'avais su que ce fût à Rome... oh ! je crois que je n'en aurais pas eu le courage.

— Ce n'est point à Rome que nous allons, répondit le vieillard en se relevant : puis aussitôt, comme un groupe de cavaliers s'approchait, suivant la voie Appienne, Silas quitta la route et prit à droite au travers de la plaine : Paul et Acté le suivirent.

Ils commencèrent alors à s'avancer entre la voie Latine et la voie Appienne, évitant même de suivre aucune des routes qui partaient de la première, et conduisaient l'une à Marina près du lac d'Albano, et l'autre au temple de Neptune, près d'Antium. Au bout de deux heures de chemin, et après avoir laissé à droite le temple de la Fortune féminine, et à gauche celui de Mercure, ils entrèrent dans la vallée d'Egérie, suivirent quelque temps les bords du petit fleuve Almon, puis, prenant à droite, et s'avançant au milieu de quartiers de rochers qui semblaient avoir été détachés de la montagne par quelque tremblement de terre, ils se trouvèrent tout à coup à l'entrée d'une caverne.

Silas y entra aussitôt, en invitant d'une voix basse les voyageurs à le suivre ; mais Acté tressaillit malgré elle à l'aspect inattendu de cette ouverture sombre qui semblait la gueule d'un monstre prêt à la dévorer. Paul sentit son bras se poser sur le sien comme pour l'arrêter ; il comprit sa terreur.

— Ne crains rien, ma fille, lui dit-il, le Seigneur est avec nous.

Acté poussa un soupir, jeta un dernier regard sur ce ciel tout parsemé d'étoiles qu'elle allait perdre de vue, puis s'enfonça avec le vieillard sous la voûte qui s'offrait à elle.

Au bout de quelques pas hasardés dans une obscurité si complète que la voix seule de Silas servait de guide à ceux qui le suivaient, il s'arrêta au pied d'un des piliers massifs qui soutenaient la voûte, et, frappant deux cailloux l'un contre l'autre, il en fit jaillir quelques étincelles qui enflammèrent un linge soufré ; puis, tirant une torche cachée dans l'excavation d'un rocher : — Il n'y a plus de danger à cette heure, dit-il, et tous les soldats de Néron seraient à notre poursuite qu'ils ne nous rejoindraient pas maintenant.

Acté jeta les yeux autour d'elle, et d'abord ses regards ne distinguèrent rien : la torche, encore vacillante à cause de l'air extérieur dont les courans se croisaient sous ces voûtes, ne jetait que des lueurs rapides et mourantes comme de pâles éclairs, de sorte que les objets frappés momentanément de lumière rentraient dans l'obscurité, sans qu'on eût le temps de distinguer leur forme et leur couleur ; peu à peu cependant les yeux s'habituèrent à cette réverbération, la flamme de la torche devint moins mouvante, un plus grand cercle s'éclaira, et les voyageurs purent distinguer jusqu'au plafond sombre de ces immenses voûtes : enfin, aucun air ne pénétrant plus jusqu'à eux, la clarté devint plus fixe et plus étendue ; tantôt ils marchaient resserrés comme entre deux murailles, tantôt ils entraient dans un immense carrefour de pierres, aux cavités profondes, dans lesquelles allait mourir la clarté de la torche qui illuminait d'un reflet décroissant les angles des piliers blancs et immobiles comme des spectres. Il y avait dans cette marche nocturne ; dans le bruit des pas qui, si léger qu'il fût, était répété par un écho funèbre ; dans ce manque d'air, auquel la poitrine n'était point encore habituée, quelque chose de triste et de saisissant qui oppressait le cœur d'Acté comme une douleur. Tout à coup elle s'arrêta en frissonnant, appuyant une de ses mains sur le bras de Paul, et lui montrant de l'autre une rangée de cercueils qui garnissaient une des parois de la muraille ; en même temps, et à l'extrémité de ces sombres avenues, ils virent passer des femmes vêtues de blanc, pareilles à des fantômes, portant des torches, et qui toutes se dirigeaient vers un centre commun. Bientôt ils entendirent, en avançant toujours, une harmonie pure, qui semblait un chœur d'anges, et qui flottait mélodieusement sous ces arcades sonores. De place en place, des lampes fixées aux piliers commençaient d'indiquer la route ; les cercueils devenaient plus fréquens, les ombres plus nombreuses, les chants plus distincts ; c'est qu'ils approchaient de la ville souterraine, et ses alentours commençaient à se peupler de morts et de vivans. De temps à autre, on trouvait semés sur la terre des bluets et des roses qui s'étaient détachés de quelque couronne, et qui se fanaient tristement loin de l'air et du soleil. Acté ramassait ces pauvres fleurs, filles du jour et de la lumière comme elle, étonnées de se trouver comme elle ensevelies vivantes dans un tombeau, et elle les réunissait l'une à l'autre et en faisait un bouquet pâle et inodore, comme des débris d'un bonheur passé on se fait une espérance pour l'avenir. Enfin, au détour d'une des mille routes de ce labyrinthe, ils découvrirent un large emplacement taillé sur le modèle d'une basilique souterraine, éclairée par des lampes et des torches, et rempli d'une population tout entière d'hommes, de femmes et d'enfans. Une troupe de jeunes filles couvertes de longs voiles blancs faisaient retentir les voûtes de ces cantiques qu'Acté avait entendus ; un prêtre s'avançait à travers la foule inclinée, et s'apprêtait à célébrer les mystères, lorsqu'en approchant de l'autel il s'arrêta tout à coup, et, se retournant vers son auditoire étonné :

— Il y a ici, s'écria-t-il avec une inspiration respectueuse, un plus digne que moi de vous répéter la parole de Dieu, car il l'a entendue de la bouche de son fils. Paul, approche-toi et bénis tes frères.

Et tout le peuple, à qui l'apôtre était promis depuis longtemps, tomba à genoux ; Acté, toute païenne qu'elle était, fit comme le peuple, et le futur martyr monta à l'autel.

Ils étaient dans les Catacombes !...

XIII.

C'était une ville tout entière sous une autre ville.

La terre, les peuples et les hommes ont une existence pareille : la terre a ses cataclysmes, les peuples leurs révolutions, l'homme ses maladies ; tous ont une enfance, une virilité et une vieillesse ; leur âge diffère dans sa durée, et voilà tout ; l'une compte par mille ans, les autres par siècles, les derniers par jours.

Dans cette période qui leur est accordée, il y a pour chacun des époques de transition pendant lesquelles s'accomplissent des choses inouïes, où tout en se rattachant au passé et en préparant l'avenir, se révèlent à l'investigation de la science sous le titre d'accidens de la nature, tandis qu'elles brillent à l'œil de la foi comme des préparations de la Providence. Or, Rome était arrivée à une de ces époques mystérieuses, et elle commençait à éprouver de ces frémissemens étranges qui accompagnent la naissance ou la chute des empires : elle sentait tressaillir en elle l'enfant inconnu qu'elle devait mettre au jour, et qui déjà s'agitait sourdement dans ses vastes entrailles ; un malaise mortel la tourmentait, et, comme un fiévreux qui ne peut trouver ni sommeil ni repos, elle consumait les dernières années de sa vie païenne, tantôt en accès de délire, tantôt en intervalles d'abattement : c'est que, comme nous l'avons dit, au dessous de la civilisation superficielle et extérieure qui s'agitait à la surface de la terre, s'était glissé un principe nouveau, souterrain et invisible, portant avec lui la destruction et la reconstruction, la mort et la vie, les ténèbres et la lumière. Aussi tous les jours s'accomplissaient au dessus d'elle, au dessous d'elle, autour d'elle, de ces événemens inexplicables à son aveuglement, et que ses poëtes racontaient comme des prodiges. C'étaient des bruits souterrains et bizarres que l'on attribuait aux divinités de l'enfer ; c'étaient des disparitions subites d'hommes, de femmes, de familles tout entières ; c'étaient des apparitions de gens que l'on croyait morts, et qui sortaient tout à coup du royaume des ombres pour menacer et pour prédire. C'est que le feu souterrain qui échauffait cet immense creuset y faisait bouillonner, comme de l'or et du plomb, toutes les passions bonnes et mauvaises ; seulement l'or se précipitait et le plomb restait à la surface. Les Catacombes étaient le récipient mystérieux où s'amassait goutte à goutte le trésor de l'avenir.

C'étaient, comme on le sait, de vastes carrières abandonnées : Rome tout entière, avec ses maisons, ses palais, ses théâtres, ses bains, ses cirques, ses aqueducs, en était sortie pierre à pierre ; c'étaient les flancs qui avaient enfanté la ville de Romulus et de Scipion ; mais, à compter d'Octave, et du jour où le marbre avait succédé à la pierre, les échos de ces vastes galeries avaient cessé de retentir des pas des travailleurs. Le travertin était devenu trop vulgaire, et les empereurs avaient fait demander à Babylone son porphyre, à Thèbes son granit, et à Corinthe son airain : les cavernes immenses qui s'étendaient au dessous de Rome étaient donc restées abandonnées, désertes et oubliées, lorsque, lentement et avec mystère, le christianisme naissant les repeupla : d'abord elles furent un temple, puis un asile, puis une cité.

A l'époque où Acté et le vieillard y descendirent, ce n'était encore qu'un asile : tout ce qui était esclave, tout ce qui était malheureux, tout ce qui était proscrit, était sûr d'y trouver un refuge, des consolations et une tombe ; aussi des familles tout entières s'y étaient abritées dans l'ombre, et déjà les adeptes de la foi nouvelle se comptaient par milliers ; mais au milieu de la foule immense qui couvrait la surface de Rome, nul n'avait encore pu remarquer cette infiltration souterraine, qui n'était pas assez considérable pour apparaître à la superficie de la société et faire baisser le niveau de la population.

Qu'on ne croie pas cependant que la vie des premiers chrétiens ne fût occupée qu'à se soustraire aux persécutions qui commençaient à naître ; elle se rattachait par la sympathie, par la piété, par le courage, à tous les événemens qui menaçaient les frères qu'une nécessité quelconque avait retenus dans les murailles de la cité païenne. Souvent, lorsqu'un danger apparaissait, le néophyte de la cité supérieure sentait monter jusqu'à lui une aide inattendue ; une trappe invisible s'ouvrait sous ses pieds et se refermait sur sa tête ; la porte de son cachot tournait mystérieusement sur ses gonds, et le geôlier fuyait avec la victime ; ou bien lorsque la colère céleste, pareille à la foudre, elle avait frappé en même temps que l'éclair avait paru ; lorsque le néophyte était devenu martyr, soit qu'il eût été étranglé dans la prison de Tullus, soit que sa tête fût tombée sur la place publique, soit qu'il eût été précipité du haut de la roche Tarpéienne, soit enfin qu'il eût été mis en croix sur le mont Esquilin ; profitant des ténèbres de la nuit, quelques vieillards prudens, quelques jeunes gens aventureux, et parfois même quelques femmes timides, gravissant par des sentiers détournés la montagne maudite où l'on jetait les cadavres des condamnés, afin qu'ils y fussent dévorés par les bêtes féroces et les oiseaux de proie, allaient enlever ces corps mutilés, et les apportaient religieusement dans les Catacombes, où d'objets de haine et d'exécration qu'ils avaient été pour leurs persécuteurs, ils devenaient un objet d'adoration, de respect pour leurs frères, qui s'exhortaient l'un l'autre à vivre et à mourir, comme l'élu qui les avait précédés au ciel avait vécu et était mort sur la terre.

Souvent il arrivait aussi que la mort, lasse de frapper au soleil, venait choisir quelque victime dans les Catacombes; dans ce cas, ce n'était pas une mère, un fils, une épouse, qui perdait un père ou un mari : c'était une famille tout entière qui pleurait un enfant; alors on le couchait dans son linceul; si c'était une jeune fille, on la couronnait de roses : si c'était un homme ou un vieillard, on lui mettait une palme à la main, le prêtre disait sur lui les prières des morts; puis on l'étendait doucement dans la tombe de pierre, creusée d'avance, et où il allait dormir dans l'attente de la résurrection éternelle : c'étaient là les cercueils qu'Acté avait vus en entrant pour la première fois sous ces voûtes inconnues; alors ils lui avaient inspiré une terreur profonde qui bientôt se changea en mélancolie : la jeune fille, encore païenne par le cœur, mais déjà chrétienne par l'âme, s'arrêtait quelquefois des heures entières devant ces tombes, où une mère, une épouse, ou une fille désolées, avaient gravé, à la pointe du couteau, le nom de la personne aimée, et quelque symbole religieux, quelque inscription sainte, qui exprimaient leur douleur ou leur espérance. — Sur presque tous, c'était une croix, emblème de résignation pour les hommes, auxquels elle racontait les souffrances d'un Dieu ; puis encore le chandelier aux sept branches qui brûlait dans le temple de Jérusalem, ou bien la colombe de l'arche, douce messagère de miséricorde, qui rapporte à la terre la branche d'olivier qu'elle a été cueillir dans les jardins du ciel.

Mais d'autres fois aussi, ses souvenirs de bonheur revenaient plus vifs et plus puissans dans le cœur d'Acté : alors elle épiait les rayons du jour et elle écoutait les bruits de la terre ; alors elle allait s'asseoir seule et isolée, adossée à quelque pilier massif, et, les mains croisées, le front appuyé sur les genoux, couverte d'un long voile, elle eût semblé, à ceux qui passaient près d'elle, une statue assise sur un tombeau, si parfois on n'eût pas entendu un soupir sortir de sa bouche, si l'on n'eût vu courir par tout son corps un frémissement de douleur. Alors, Paul, qui seul savait ce qui se passait dans cette âme, Paul, qui avait vu le Christ pardonner à la Madeleine, s'en remettait au temps et à Dieu de fermer cette blessure, et, la voyant ainsi muette et immobile, disait aux plus pures des jeunes vierges : — Priez pour cette femme, afin que le Seigneur lui pardonne et qu'elle soit un jour une des vôtres, et qu'à son tour elle prie avec vous; les jeunes filles obéissaient, et, soit que leurs prières montassent au ciel, soit que les pleurs adoucissent l'amertume de la douleur, on voyait bientôt la jeune Grecque rejoindre ses jeunes compagnes, le sourire sur les lèvres et les larmes dans les yeux.

Cependant, tandis que les chrétiens cachés dans les Catacombes vivaient de cette vie de charité, de prosélytisme et d'attente, les événemens se pressaient au-dessus de leur tête : le monde païen tout entier chancelait comme un homme ivre, et Néron, prince du festin et roi de l'orgie, se gorgeait de plaisirs, de vin et de sang. La mort d'Agrippine avait brisé le dernier frein qui pouvait le retenir encore par cette crainte d'enfant que le jeune homme garde pour sa mère ; mais du moment où la flamme du bûcher s'était éteinte, toute pudeur, toute conscience, tout remords avaient paru s'éteindre avec elle. Il avait voulu rester à Bauli ; car, aux sentimens généreux disparus avait succédé la crainte, et Néron, quelque mépris qu'il eût des hommes, quelque impiété qu'il professât pour les dieux, ne pouvait penser qu'un pareil crime ne soulèverait pas contre lui la haine des uns et la colère des autres; il demourait donc loin de Naples et de Rome, attendant les nouvelles que lui rapporteraient ses courriers; mais il avait douté à tort de la bassesse du sénat, et bientôt une députation des patriciens et des chevaliers vint le féliciter d'avoir échappé à ce péril nouveau et imprévu, et lui annoncer que non seulement Rome, mais toutes les villes de l'empire, encombraient les temples de leurs envoyés et témoignaient leur joie par des sacrifices. Quant aux dieux, s'il faut en croire Tacite, qui pourrait bien leur avoir prêté un peu de son rigorisme et de sa sévérité, ils furent moins faciles : à défaut de remords, ils envoyèrent l'insomnie au parricide, et pendant cette insomnie il entendait le retentissement d'une trompette sur le sommet des coteaux voisins, et des cris lamentables, inconnus et sans cause, arrivaient jusqu'à lui, venant du côté du tombeau de sa mère. — En conséquence, il était reparti pour Naples.

Là il avait retrouvé Poppée, et avec elle la haine contre Octavie, cette malheureuse sœur de Britannicus, pauvre enfant qui, arrachée à celui qu'elle aimait avec une pureté de vierge, avait été poussée par Agrippine dans les bras de Néron ; pauvre épouse dont le deuil avait commencé le jour des noces, qui n'entra dans la maison conjugale que pour y voir mourir, empoisonnés, son père et son frère, que pour y lutter vainement contre une maîtresse plus puissante, et qui, loin de Rome, restait à vingt ans exilée dans l'île de Pandataire : déjà séparée de la vie par le pressentiment de la mort, et n'ayant pour toute cour que des centurions et des soldats, cour terrible, aux regards incessamment tournés vers Rome, et qui n'attendait qu'un ordre, un signe, pour que chaque flatteur devînt un bourreau. — Hé bien! c'était cette vie, toute isolée malheureuse et ignorée qu'elle était, qui tourmentait encore Poppée au milieu de ses splendeurs adultères et de son pouvoir sans bornes : car la beauté, la jeunesse et les malheurs d'Octavie l'avaient faite populaire : les Romains la plaignaient instinctivement, et par ce sentiment naturel à l'homme qui s'apitoie devant la faiblesse qui souffre ; mais cet intérêt lui-même pouvait contribuer à la perdre, et jamais à la sauver, car il était plus tendre que fort, et pareil à celui qu'on éprouve pour une gazelle blessée ou pour une fleur brisée sur sa tige.

Aussi Néron, son indifférence pour Octavie et les instances de Poppée, hésitait-il à frapper. Il y a de ces crimes si inutiles, que l'homme le plus cruel hésite à les commettre, car ce que le coupable couronné craint, ce n'est pas le remords, mais c'est le manque d'excuse. La courtisane comprit donc ce qui retenait l'empereur, car, sachant que ce n'était ni l'amour ni la pitié, elle se mit en quête de la véritable cause, et ne tarda point à la deviner ; aussi un jour une sédition éclata, le nom d'Octavie fut prononcé avec des cris qui demandaient son retour ; les statues de Poppée furent renversées et traînées dans la boue ; puis vint une troupe d'hommes armés de fouets, qui dispersa les rebelles et replaça les effigies de Poppée sur leurs piédestaux ; ce soulèvement avait duré une heure, et coûté un million ; ce n'était pas payer trop cher la tête d'une rivale.

Car cette démonstration c'était tout ce qu'il fallait à Poppée. — Poppée était à Rome, elle accourut à Naples : elle fuyait les assassins payés par Octavie, disait-elle ; elle était ravissante de frayeur, elle se jeta aux genoux de Néron. Néron envoya l'ordre à Octavie de se donner la mort.

En vain la pauvre exilée offrit-elle de se réduire aux titres de veuve et de sœur; en vain invoqua-t-elle le nom des Germanicus, leurs aïeux communs, celui d'Agrippine qui, tant qu'elle avait vécu elle-même, avait veillé sur ses jours; tout fut inutile, et comme elle hésitait à obéir, et qu'elle n'osait se frapper elle-même, on lui lia les bras, on lui ouvrit les quatre veines, puis on lui coupa toutes les autres artères, car le sang, glacé par la peur, tardait à couler, et, comme il ne venait pas encore, on l'étouffa à la vapeur d'un bain bouillant. Enfin, pour qu'elle ne doutât pas du meurtre, de peur qu'elle n'eût l'idée qu'on avait substitué une victime vulgaire à la victime impériale, on sépara la tête du corps, et on la porta à Poppée qui la posa sur ses genoux, lui rouvrit les paupières, et qui croyant peut-être voir une menace dans ce regard atone et glacé, lui enfonça dans les yeux les épingles d'or qui retenaient sa chevelure.

Enfin Néron revint à Rome, et sa folie et sa dissolution

furent portées à leur comble : il y eut des jeux où des sénateurs combattirent à la place des gladiateurs, des combats de chant, où l'on punit de mort ceux qui n'applaudissaient pas ; un incendie qui brûla la moitié de Rome, et que Néron regarda en battant des mains et en chantant sur une lyre ; enfin, Poppée comprit qu'il était temps de retenir celui qu'elle avait excité ; que des plaisirs si inouïs et si monstrueux nuisaient à son influence toute basée sur les plaisirs. — Sous le prétexte de sa grossesse, elle refusa d'aller au théâtre un jour que Néron devait y chanter : ce refus blessa l'artiste, il parla en empereur, Poppée résista en favorite, et Néron, impatienté, la tua d'un coup de pied.

Alors Néron prononça son éloge à la tribune, et, ne pouvant la louer sur ses vertus, il la loua sur sa beauté : puis il commanda lui-même les obsèques, ne voulant pas que le corps fût brûlé, mais embaumé à la manière des rois d'Orient ; et Pline le naturaliste assure que l'Arabie en un an ne produit pas autant d'encens et de myrrhe qu'en consomma l'empereur pour les divines funérailles de celle qui ferrait ses mules avec de l'or, et épuisait tous les jours pour ses bains le lait de 500 ânesses.

Les larmes des mauvais rois retombent sur les peuples en pluie de sang ; Néron accusa les chrétiens de ses propres crimes, et une nouvelle persécution commença, plus terrible encore que les précédentes.

Alors le zèle des catéchumènes redoubla avec le danger : chaque jour c'étaient de nouvelles veuves et de nouveaux orphelins à consoler ; chaque nuit c'étaient de nouveaux corps à soustraire aux bêtes féroces et aux oiseaux de proie. — Enfin, Néron s'aperçut qu'on lui volait ses cadavres : il mit une garde autour du mont Esquilin, et une nuit que quelques chrétiens, conduits par Paul, venaient, comme d'habitude, remplir leur mission sainte, une troupe de soldats cachés dans un ravin de la montagne tomba sur eux à l'improviste et les fit prisonniers, à l'exception d'un seul : celui-là, c'était Silas.

Il courut aux Catacombes, et arriva comme les fidèles se rassemblaient pour la prière. — Il leur annonça la nouvelle fatale, et tous tombèrent à genoux pour implorer le Seigneur. — Acté seule resta debout, car le Dieu des chrétiens n'était pas encore son Dieu. — Quelques-uns crièrent à l'impiété et à l'ingratitude ; mais Acté étendit le bras sur la foule pour réclamer le silence, et, lorsqu'elle fut obéie :

— Demain, dit-elle, j'irai à Rome, et je tâcherai de le sauver.

— Et moi, dit Silas, j'y retourne ce soir pour mourir avec lui, si tu ne réussis pas.

XIV.

Le lendemain matin, Acté, selon sa promesse, sortit des Catacombes et prit le chemin de Rome ; elle était seule et à pied, vêtue d'une longue stole qui tombait de son cou à ses pieds, et couverte d'un voile qui lui cachait le visage ; dans sa ceinture, elle avait passé un poignard court et aigu, car elle craignait d'être insultée par quelque chevalier ivre ou quelque soldat brutal ; puis, si elle ne réussissait pas dans son entreprise, si elle n'obtenait pas la grâce de Paul, qu'elle venait solliciter, elle demanderait à le voir et lui donnerait cette arme, afin qu'il échappât à un supplice terrible et honteux. C'était donc encore, comme on le voit, la jeune fille de l'Achaïe, née pour être prêtresse de Diane et de Minerve, nourrie dans les idées et dans les exemples païens, se rappelant toujours qu'Annibal buvant le poison, Caton s'ouvrant les entrailles, et Brutus se jetant sur son épée ; elle ignorait que la religion nouvelle défendait le suicide et glorifiait le martyre, et que ce qui était une honte aux yeux des gentils était une apothéose aux regards des fidèles.

Arrivée à quelques pas de la porte Métroni, au-delà de laquelle se poursuivait dans Rome même la vallée d'Egérie, qu'elle avait suivie depuis les Catacombes, elle sentit ses genoux faiblir et son cœur battre avec tant de violence, qu'elle fut contrainte, pour ne pas tomber, de s'appuyer contre un arbre ; elle allait revoir celui qu'elle n'avait pas revu depuis la terrible soirée des fêtes de Minerve. Retrouverait-elle Lucius ou Néron, le vainqueur des jeux olympiques ou l'empereur, — un amant ou un juge. Quant à elle, elle sentait que cette espèce d'engourdissement dans lequel était tombé son cœur, pendant ce long séjour dans les Catacombes, tenait au froid, au silence et aux ténèbres de cette demeure, et qu'il se reprenait à la vie en retrouvant le jour et la lumière, et s'épanouissait de nouveau à l'amour comme une fleur au soleil.

Au reste, comme nous l'avons dit, tout ce qui s'était passé à la surface de la terre avait eu un écho dans les Catacombes, mais écho fugitif, éloigné, trompeur ; Acté avait donc appris l'assassinat d'Octavie et la mort de Poppée ; mais tous ces détails infâmes que les historiens nous ont transmis étaient encore enfermés dans un cercle de bourreaux et de courtisans, au-delà duquel n'avaient transpiré que de sourdes rumeurs et des récits tronqués : la mort seule des rois arrache le voile qui couvre leur vie, et ce n'est que lorsque Dieu a fait de leur majesté un cadavre impuissant, que la vérité, exilée de leur palais, revient s'asseoir sur leur tombe. Tout ce qu'Acté savait, c'est que l'empereur n'avait plus ni femme ni maîtresse, et qu'une espérance sourde lui disait qu'il avait peut-être gardé dans un coin de son cœur le souvenir de cet amour qui, à elle, était toute son âme.

Elle se remit donc promptement et franchit la porte de la ville : c'était par une belle et chaude matinée de juillet, le XV des kalendes, jour désigné parmi les jours heureux. — C'était à la deuxième heure du matin, qui correspond chez nous à la septième heure, désignée parmi les heures heureuses aussi. Soit que cette coïncidence de dates propices conduisît chacun à l'accomplissement de ses affaires ou de ses plaisirs, soit qu'une fête promise attirât la foule, soit qu'un spectacle inattendu fût venu tirer le peuple de ses occupations journalières et matinales, les rues étaient encombrées de promeneurs qui presque tous se dirigeaient vers le Forum.

Acté les suivit. C'était le chemin du Palatin, et c'était au Palatin qu'elle comptait trouver Néron. Tout entière au sentiment que lui inspirait cette prochaine entrevue, elle marchait sans voir et sans entendre. Elle suivait une longue rue qui s'étendait entre le Cœlius et l'Aventin, et qui était tapissée d'étoffes précieuses et jonchée de fleurs comme dans les solennités publiques ; en arrivant à l'angle du Palatin, elle vit les dieux de la patrie revêtus de leurs vêtemens de fête, et le front ceint de leurs couronnes de gazon, de chêne et de laurier ; elle prit alors à droite, et bientôt se trouva sur la voie Sacrée, où elle avait passé en triomphe lors de sa première entrée à Rome. La foule devenait de plus en plus nombreuse et pressée, elle se dirigeait vers le Capitole où semblait se préparer quelque splendide solennité ; mais qu'importait à Acté ce qui se passait au Capitole, c'était Lucius qu'elle cherchait. Lucius habitait la maison dorée ; aussi, arrivée à la hauteur du temple de Rémus et de Romulus, elle prit à gauche, passa rapidement entre les temples de Phœbé et de Jupiter Stator, monta l'escalier qui conduisait au Palatin, et se trouva sous le vestibule de la maison dorée.

Là commença pour elle la première révélation de la scène étrange qui allait se passer sous ses yeux. Un lit magnifique était dressé en face de la porte de l'atrium, il était recouvert de pourpre tyrienne brochée d'or, élevé sur un piédestal d'ivoire incrusté d'écaille, et drapé d'étoffes attaliques, qui l'abritaient comme une tente. Acté frémit de tout son corps, une sueur froide s'amassa sur son front, un nuage passa devant ses yeux ; ce lit, exposé aux regards de la multitude, c'était un lit nuptial ; cependant elle voulut douter ; elle s'approcha d'un esclave et lui demanda quel était ce lit, et l'esclave répondit que c'était celui de

Néron qui se mariait à cette heure au temple de Jupiter Capitolin.

Alors il se fit dans l'âme de la jeune fille un terrible et soudain retour vers la passion insensée qui l'avait perdue : elle oublia tout, les Catacombes qui lui avaient donné un asile, les chrétiens qui avaient mis leur espoir en elle, et le danger de Paul qui l'avait sauvée et qu'elle était venue pour sauver à son tour : elle porta la main à ce poignard qu'elle avait pris comme une défense à la pudeur ou une ressource contre la honte, et, bondissante et le cœur plein de jalousie, elle descendit l'escalier, et s'élança vers le Capitole pour voir la nouvelle rivale qui, au moment où elle allait le reprendre peut-être, lui enlevait le cœur de son amant. La foule était immense, et cependant avec cette puissance que donne une passion réelle, elle s'y ouvrit un passage, car il était facile de voir, quoi que sa rica lui cachât entièrement le visage, que cette femme au pas ferme et rapide marchait vers un but important et ne permettait pas qu'on l'arrêtât dans sa route. Elle suivit ainsi la voie Sacrée, jusqu'au point où elle bifurquait sous l'arc de Scipion, et, prenant le chemin le plus court, c'est-à-dire celui qui passait entre les prisons publiques et le temple de la Concorde, elle entra d'un pas ferme dans le temple de Jupiter Capitolin. Alors, au pied de la statue du dieu, entourés des dix témoins exigés par la loi, et qui étaient choisis parmi les plus nobles patriciens, assis chacun sur un siége recouvert de la toison d'une brebis qui avait servi de victime, elle vit les fiancés, la tête voilée, de sorte que d'abord elle ne put reconnaître quelle était cette femme ; mais au même instant le grand pontife, assisté du flamine de Jupiter, après avoir fait une libation de lait et de vin miellé, s'avança vers l'empereur et lui dit :

— Lucius Domitius Claudius Néron, je te donne Sabina ; sois son époux, son ami, son tuteur et son père ; je te fais maître de tous ses biens et je les confie à ta bonne foi.

En même temps il mit la main de la femme dans celle de l'époux, et releva son voile pour que chacun pût saluer la nouvelle impératrice. Alors, Acté, qui avait douté tant qu'elle n'avait entendu que le nom, fut forcé de croire enfin, lorsqu'elle vit le visage. C'était bien la jeune fille du vaisseau et du bain, c'était bien Sabina, la sœur de Sporus.

— A la face des dieux et des hommes, l'empereur épousait une esclave !...

Alors Acté se rendit compte du sentiment étrange qu'elle avait toujours ressenti pour cet être mystérieux : c'était une répulsion pressentimentale, c'était une de ces haines instinctives, comme les femmes en ont pour les femmes qui doivent être leurs rivales un jour. Néron épousait cette jeune fille qu'il lui avait donnée, qui l'avait servie, qui avait été son esclave, — qui déjà peut-être alors partageait avec elle l'amour de son amant, — sur laquelle elle avait eu droit de vie et de mort, et qu'elle n'avait pas étouffée entre ses mains comme un serpent qui devait un jour lui dévorer le cœur. Oh ! cela était impossible : elle reporta une seconde fois sur elle ses yeux pleins de doute ; mais le prêtre ne s'était pas trompé, c'était bien Sabina, Sabina en costume de mariée, revêtue de la tunique blanche unie, et ornée de bandelettes, la taille serrée par la ceinture de laine de brebis dont la rupture était réservée à son époux, les cheveux traversés par le javelot d'or qui rappelait l'enlèvement des Sabines, et les épaules couvertes du voile couleur de flamme, ornement nuptial que la fiancée ne porte qu'un jour, et qui fut de tous temps choisi comme un heureux présage, parce qu'il est la parure habituelle de la femme du flamine, à qui les lois interdisent le divorce.

En ce moment les mariés se relevèrent et sortirent du temple : ils étaient attendus à la porte par des chevaliers romains portant les quatre divinités protectrices des mariages ; et par quatre femmes de la première noblesse de Rome portant chacune une torche en bois de pin. Tigellin les attendait sur le seuil avec la dot de la nouvelle épouse. Néron la reçut, mit sur la tête de Sabina la couronne, et sur ses épaules le manteau des impératrices, puis il monta avec elle dans une litière splendide et découverte, l'embrassant aux yeux de tous et aux applaudissemens du peuple, parmi lesquels on distinguait les voix courtisanesques des Grecs qui, dans leur langage fait pour la flatterie, osaient émettre des vœux pour la fécondité de cette étrange union.

Acté les suivit, croyant qu'ils allaient rentrer à la maison dorée ; mais, en arrivant au bas du Capitole, ils tournèrent par le Vicus Tuscus, traversèrent le Vélabre, gagnèrent le quartier d'Argilète, et entrèrent dans le Champ-de-Mars par la porte triomphale. C'est ainsi qu'aux fêtes sigillaires de Rome, Néron voulait montrer au peuple sa nouvelle impératrice. Aussi le conduisit-il au forum Olitorium, au théâtre de Pompée, aux portiques d'Octavie. Acté les suivit partout, sans les perdre un instant des yeux, aux marchés, aux temples, aux promenades. Un dîner magnifique était offert à la colline des Jardins. Elle se tint debout contre un arbre pendant tout le temps que dura le dîner. Ils revinrent par le forum de César, où le sénat les attendait pour les complimenter. Elle écouta la harangue, appuyée à la statue du dictateur ; tout le jour se passa ainsi, car ce ne fut que vers le soir qu'ils reprirent le chemin du palais ; et tout le jour Acté demeura debout, sans prendre de nourriture, sans penser ni à la fatigue ni à la faim, soutenue par le feu de la jalousie qui brûlait son cœur, et qui courait par toutes ses veines. Ils rentrèrent enfin à la maison dorée ; Acté y entra avec eux : c'était chose facile, toutes les portes en étaient ouvertes, car Néron, au contraire de Tibère, ne craignait pas le peuple. Il y a plus, ses prodigalités, ses jeux, ses spectacles, sa cruauté même, qui ne frappait que des têtes élevées ou des ennemis des croyances païennes, l'avaient fait aimer de la foule, et aujourd'hui encore c'est peut-être, à Rome, l'empereur dont le nom est resté le plus populaire.

Acté connaissait l'intérieur du palais pour l'avoir parcouru avec Lucius ; son vêtement et son voile blanc lui donnaient l'apparence d'une des jeunes compagnes de Sabina ; nul ne fit donc attention à elle, et tandis que l'empereur et l'impératrice passaient dans le triclinium pour y faire la cœna, elle se glissa dans la chambre nuptiale, où le lit avait été reporté, et se cacha derrière un de ses rideaux.

Elle resta là deux heures, immobile, muette, sans que son souffle fît vaciller l'étoffe flottante qui pendait devant elle ; pourquoi était-elle venue, elle n'en savait rien ; mais pendant ces deux heures, la main ne quitta pas le manche de son poignard. Enfin, elle entendit un léger bruit, des pas de femmes s'approchaient dans le corridor, la porte s'ouvrit, et Sabina, conduite par une matrone romaine, d'une des premières et des plus anciennes familles, nommée Calvia Crispinella, et qui lui servait de mère, comme Tigellin lui avait servi de père, entra dans la chambre, avec son vêtement de noces, excepté la ceinture de laine, que Néron avait rompue pendant le repas pour que Calvia pût ôter la toilette de la mariée ; elle commença par dénouer les fausses nattes tressées sur le haut de sa tête en forme de tour, et ses cheveux retombèrent sur ses épaules ; puis elle lui ôta le flammeum ; enfin, elle détacha la robe, de sorte que la jeune fille resta avec une simple tunique, et, chose étrange, à mesure que ces différens ornemens étaient enlevés, une métamorphose inouïe semblait s'opérer aux regards d'Acté : Sabina disparaissait pour faire place à Sporus, tel qu'Acté l'avait vu descendre du navire et marcher auprès de Lucius, avec sa tunique flottante, ses bras nus, ses longs cheveux ? Etait-ce un rêve, une réalité ? Le frère et la sœur ne faisaient-ils qu'un ? Acté devenait-elle insensée ? — Les fonctions de Calvia étaient achevées, elle s'inclina devant son étrange impératrice. L'être androgyne, quel qu'il fût, la remercia, et la jeune Grecque reconnut la voix de Sporus aussi bien que celle de Sabina ; enfin Calvia sortit.

— La nouvelle mariée resta seule, regarda de tous les côtés, et croyant n'être vue ni entendue de personne, elle laissa tomber ses mains avec abattement et poussa un soupir, tandis que deux larmes coulaient de ses yeux; puis, avec un sentiment de dégoût profond, elle s'approcha du lit; mais au moment où elle mettait le pied sur la première marche, elle recula épouvantée en jetant un grand cri : elle avait aperçu, encadrée dans les rideaux de pourpre, la figure pâle de la jeune Corinthienne, qui, se voyant découverte, et sentant que sa rivale allait lui échapper, bondit jusqu'à elle comme une tigresse; mais l'être qu'elle poursuivait était trop faible pour fuir ou pour se défendre; il tomba à genoux, étendant les bras vers elle, et tremblant sous la lame du poignard qui brillait dans sa main; puis un rayon d'espoir passa tout à coup dans ses yeux :

— Est-ce toi Acté? est-ce toi? lui dit-il.
— Oui, oui, c'est moi, répondit la jeune fille... C'est moi, c'est Acté. — Mais toi, qui es-tu? Es-tu Sabina? es-tu Sporus? es-tu un homme? es-tu une femme?... Réponds, parle... mais parle donc!
— Hélas! hélas! s'écria l'eunuque en tombant évanoui aux pieds d'Acté, hélas! je ne suis ni l'un ni l'autre.

Acté, stupéfaite, laissa échapper son poignard.

En ce moment la porte s'ouvrit, et plusieurs hommes entrèrent précipitamment. C'étaient des esclaves qui venaient apporter autour de la statue des dieux protecteurs du mariage. Ils virent Sporus évanoui, une femme échevelée, pâle et les yeux hagards, penchée sur lui, et un poignard à terre : ils devinèrent tout, s'emparèrent d'Acté, et la conduisirent dans les prisons du palais, près desquelles elle était passée pendant cette douce nuit où Lucius l'avait fait demander, et d'où elle avait entendu sortir de si plaintifs gémissemens.

Elle y retrouva Paul et Silas.

— Je t'attendais, dit Paul à Acté.
— O mon père! s'écria la jeune Corinthienne, j'étais venue à Rome pour te sauver.
— Et, ne pouvant me sauver, tu veux mourir avec moi.
— Oh! non, non, dit la jeune fille avec honte, non, je t'ai oublié; non, je suis indigne que tu m'appelles ta fille. Je suis une malheureuse insensée qui ne mérite ni pitié ni pardon.
— Tu l'aimes donc toujours?
— Non, je ne l'aime plus, mon père, car il est impossible que je l'aime encore : seulement, comme je te l'ai dit, je suis folle; oh! qui me tirera de ma folie! Il n'y a pas d'homme sur la terre, il n'y a pas de Dieu au ciel assez puissant pour cela.
— Rappelle-toi l'enfant de l'esclave : celui qui guérit le corps peut guérir l'âme.
— Oui, mais l'enfant de l'esclave avait l'innocence à défaut de la foi : moi, je n'ai pas encore la foi, et je n'ai plus l'innocence.
— Et pourtant, répondit l'apôtre, tout n'est pas perdu, s'il te reste le repentir?
— Hélas! hélas! murmura Acté avec l'accent du doute.
— Eh bien! approche ici, dit Paul en s'asseyant dans un angle du cachot; viens, je veux te parler de ton père.

Acté tomba à genoux, la tête sur l'épaule du vieillard, et toute la nuit l'apôtre l'exhorta. Acté ne lui répondit que par des sanglots; mais le matin elle était prête à recevoir le baptême.

Presque tous les captifs enfermés avec Paul et Silas étaient des chrétiens des Catacombes; depuis deux ans qu'Acté habitait parmi eux, ils avaient eu le temps d'apprécier les vertus de celle dont ils ignoraient les fautes; et les prières avaient été adressées toute la nuit à Dieu pour qu'il laissât tomber un rayon de foi sur la pauvre païenne : ce fut donc une déclaration solennelle que celle de l'apôtre, lorsqu'il annonça à haute voix que le Seigneur allait compter une servante de plus.

Paul n'avait point laissé ignorer à Acté l'étendue des sacrifices qu'allait lui imposer son nouveau titre : le premier était celui de son amour, et le second peut-être celui de sa vie; tous les jours on venait chercher au hasard dans cette prison quelque victime pour les expiations ou les fêtes; beaucoup alors se présentaient ayant hâte du martyre, et l'on prenait aveuglément et sans choix : tout corps qui pouvait souffrir et assurer de sa souffrance étant bon à mettre en croix ou à jeter à l'amphithéâtre; une abjuration en pareille circonstance n'était donc pas seulement une cérémonie religieuse : c'était un dévouement mortel.

Acté pensait donc que le danger lui-même rachèterait son peu de science dans la foi nouvelle : elle avait vu assez des deux religions pour maudire l'une et bénir l'autre; tous les exemples criminels lui étaient venus des gentils, tous les spectacles de vertu lui avaient été donnés par des chrétiens; puis, encore plus que tout cela, la certitude qu'elle ne pouvait vivre avec Néron lui faisait-elle désirer de mourir avec Paul.

Ce fut donc avec une ardeur qui, aux yeux du Seigneur, lui tint sans doute lieu de foi, qu'au milieu du cercle des prisonniers à genoux elle s'agenouilla elle-même sous le rayon de jour qui descendait par un soupirail, à travers les barreaux duquel elle entrevoyait le ciel. Paul était debout derrière elle, les mains élevées et priant, et Silas, incliné tenait l'eau sainte dans laquelle trempait le buis béni. En ce moment, et comme Acté achevait l'acte des apôtres, ce credo antique qui, de nos jours encore et sans altération, est resté le symbole de la foi, la porte s'ouvrit avec un grand fracas : des soldats parurent, conduits par Anicétus, qui, frappé par le spectacle étrange qui s'offrait à sa vue, car tous étaient demeurés à genoux et priant, s'arrêta immobile et silencieux sur le seuil :

— Que veux-tu? lui dit Paul interrogeant le premier celui qui venait tantôt comme juge, tantôt comme bourreau.
— Je veux cette jeune fille, répondit Anicétus en montrant Acté.
— Elle ne te suivra pas, reprit Paul, car tu n'as aucun droit sur elle.
— Cette jeune fille appartient à César! s'écria Anicétus.
— Tu te trompes, répondit Paul en prononçant les paroles consacrées et en versant l'eau sainte sur la tête de la néophyte, — cette jeune fille appartient à Dieu!...

Acté jeta un cri et s'évanouit, elle sentit que Paul avait dit vrai, et que ces paroles qu'il avait prononcées venaient à tout jamais la séparer de Néron.

— Alors c'est donc toi que je conduirai à l'empereur à sa place, dit Anicétus en faisant signe aux soldats de s'emparer de Paul.
— Fais comme tu voudras, dit l'apôtre, je suis prêt à te suivre; je sais que le temps est venu d'aller rendre compte au ciel de ma mission sur la terre.

Paul, conduit devant César, fut condamné à être mis en croix; mais il appela de ce jugement comme citoyen romain, et ses droits ayant été reconnus comme habitant de Tarse en Cilicie, il eut le jour même la tête tranchée sur le Forum.

César assista à cette exécution, et comme le peuple, qui avait compté sur un supplice plus long, faisait entendre quelques murmures, l'empereur lui promit pour les prochaines ides de mars un présent de gladiateurs.

C'était pour célébrer le troisième anniversaire de la mort du dictateur Julius César.

XV.

Néron avait touché juste : cette promesse calma à l'instant les murmures; parmi tous les spectacles dont ses édiles, ses préteurs et ses Césars le gorgeaient, ceux dont le peuple était plus avide étaient les chasses d'animaux et les présens de gladiateurs. Autrefois ces deux spectacles étaient distincts; mais Pompée avait eu l'idée de les réunir en faisant combattre pour la première fois, pendant son second consulat, à l'occasion de la dédicace du temple de Vénus victorieuse, vingt éléphans sauvages contre des Gétules armés de javelots : il est vrai que longtemps auparavant, si l'on en croit Tite-Live, on avait tué pour un seul jour cent quarante-deux éléphans dans le cirque ; mais ces éléphans, pris dans une bataille contre les Carthaginois, et que Rome pauvre et prudente alors ne voulait ni nourrir ni donner aux alliés, avaient été égorgés à coups de javelots et de flèches par les spectateurs des gradins : quatre-vingts ans plus tard, l'an 523 de Rome, Scipion Nasica et P. Lentulus avaient fait descendre dans le cirque soixante-trois panthères d'Afrique, et l'on croyait les Romains blasés sur ce genre de fête, lorsque Segurus, transportant le spectacle sur un autre élément, avait rempli d'eau l'amphithéâtre, et dans cette mer factice, lâcha quinze hippopotames et vingt-trois crocodiles ; Sylla, préteur, avait donné une chasse de cent lions à crinière ; le grand Pompée une de trois cent quinze ; et Julius César une de quatre cents ; enfin Auguste, qui avait gardé d'Octave un arrière-goût de sang, avait fait tuer dans les fêtes qu'il avait données tant en son nom qu'en celui de son petit-fils, environ trois mille cinq cents lions, tigres et panthères ; et il n'y eut pas jusqu'à un certain P. Servilius, de la vie duquel on n'a retenu que ce souvenir, qui donna une fête où l'on tua trois cents ours et autant de panthères et de lions amenés des déserts de l'Afrique : plus tard ce luxe n'eut plus de frein, et Titus fit dans une seule chasse égorger jusqu'à cinq mille bêtes féroces de toute espèce.

Mais de tous, celui qui jusqu'alors avait donné les fêtes les plus riches et les plus variées était Néron : outre les impôts d'argent imposés aux provinces conquises, il avait taxé le Nil et le désert, et l'eau et le sable lui fournissaient leur dîme de lions, de tigres, de panthères et de crocodiles : quant aux gladiateurs, les prisonniers de guerre et les chrétiens les avaient avantageusement et économiquement remplacés : ils manquaient bien de l'adresse que donnait aux premiers l'étude de leur art, mais ils avaient pour eux le courage et l'exaltation, qui ajoutaient une poésie et une forme nouvelle à leur agonie : c'était tout ce qu'il fallait pour réchauffer la curiosité.

Rome tout entière se précipita donc dans le cirque : cette fois on avait puisé à pleines mains dans le désert et dans les prisons : il y avait assez de bêtes féroces et de victimes pour que la fête durât tout le jour et toute la nuit : d'ailleurs l'empereur avait promis d'éclairer le cirque d'une manière nouvelle : aussi fut-il reçu par d'unanimes acclamations : cette fois il était vêtu en Apollon, et portait, comme le dieu pythien, un arc et des flèches : car dans les intervalles des combats il devait donner des preuves de son adresse ; quelques arbres avaient été déracinés de la forêt d'Albano, transportés à Rome et replantés dans le cirque, avec leurs branches et leurs feuilles, et sur ces arbres des paons et des faisans apprivoisés, étalant leur plumage d'azur et d'or, offraient un but aux flèches de l'empereur : il arrivait aussi que parfois César prenait en pitié quelque bestiaire blessé, ou en haine quelque animal qui faisait mal son métier de bourreau : alors il prenait ou son arc ou ses javelots, et de sa place, de son trône, il donnait la mort à l'autre bout du cirque, pareil à Jupiter Foudroyant.

A peine l'empereur fut-il placé que les gladiateurs arrivèrent sur des chars : ceux qui devaient commencer les combats étaient comme d'habitude achetés à des maîtres ; mais comme la solennité était grande, quelques jeunes patriciens s'étaient mêlés aux gladiateurs de profession pour faire leur cour à l'empereur ; on disait même que parmi ceux-ci deux nobles, que l'on savait ruinés par leurs débauches, s'étaient loués, l'un pour la somme de deux cent cinquante, l'autre pour celle de trois cent mille sesterces.

Au moment où Néron entra, les gladiateurs étaient dans l'arène, attendant le signal et s'exerçant entre eux, comme si les combats qu'ils allaient se livrer étaient un simple jeu d'escrime. Mais à peine le mot *l'empereur ! l'empereur !* eut-il retenti dans le cirque, et eut-on vu César-Apollon s'asseoir sur son trône, en face des vestales, que les maîtres des jeux entrèrent dans le cirque, tenant en main des armes émoulues qu'ils présentèrent aux combattans, et que ceux-ci échangèrent contre les armes émoussées avec lesquelles ils s'exerçaient : puis ils défilèrent devant Néron, élevant leurs épées vers lui, afin qu'il s'assurât qu'elles étaient acérées et tranchantes, ce qu'il pouvait faire en se baissant : sa loge n'était élevée que de neuf à dix pieds au-dessus de l'arène.

On présenta la liste des combattans à César afin qu'il désignât lui-même l'ordre dans lequel ils devaient combattre : il décida que le rétiaire et le mirmillon commenceraient ; après eux devaient venir deux dimachères, puis deux andabates : alors pour clore cette première séance qui devait finir à midi, deux chrétiens, un homme et une femme, seraient donnés à dévorer aux bêtes féroces. — Le peuple parut assez satisfait de ce premier programme, et au milieu des cris de *vive Néron ! gloire à César ! fortune à l'empereur !* les deux premiers gladiateurs entrèrent dans le cirque, chacun par une porte située en face l'une de l'autre.

C'étaient, comme l'avait décidé César, un mirmillon et un rétiaire. Le premier qu'on appelait aussi *sécutor*, parce qu'il lui arrivait plus souvent de poursuivre l'autre que d'en être poursuivi, était vêtu d'une tunique vert-clair à bandes transversales d'argent, serrée autour du corps par une ceinture de cuivre ciselée, dans laquelle brillaient de incrustations de corail : sa jambe droite était défendue par une bottine de bronze, un casque à visière pareil à celui des chevaliers du XIVe siècle, surmonté d'un cimier représentant une tête d'urus aux longues cornes, lui cachait tout le visage ; il portait au bras gauche un grand bouclier rond, et à la main droite un javelot et une massue plombée : c'était l'armure et le costume des Gaulois.

Le *rétiaire* tenait de la main droite le filet auquel il devait son nom, et qui était à peu près pareil à celui que, de nos jours, les pêcheurs désignent sous celui d'épervier, et de la gauche, défendue par un petit bouclier nommé parmo, un long trident au manche d'érable et à la triple pointe d'acier : sa tunique était de drap bleu, ses cothurnes de cuir bleu, sa bottine de bronze doré ; son visage, au contraire de celui de son ennemi, était découvert, et sa tête n'avait d'autre protection qu'un long bonnet de laine bleue, auquel pendait un réseau d'or.

Les deux adversaires s'approchèrent l'un de l'autre, non pas en ligne droite, mais circulairement : le rétiaire tenant son filet préparé, le mirmillon balançant son javelot. Lorsque le rétiaire se crut à portée, il fit un bond rapide en avant, en même temps qu'il lança son filet en le développant ; mais aucun de ses mouvemens n'avait échappé au mirmillon, qui fit un bond pareil en arrière ; le filet tomba à ses pieds. Au même moment, et avant que le rétiaire eût eu le temps de se couvrir de son bouclier, le javelot partit de la main du mirmillon ; mais son ennemi vit venir l'arme, et se baissa, pas si rapidement cependant que le trait qui devait l'atteindre à la poitrine n'emportât son élégante coiffure.

Alors le rétiaire, quoique armé de son trident, se mit à fuir, traînant après lui son filet, car il ne pouvait se servir de son arme que pour tuer son ennemi prisonnier dans les mailles : le mirmillon s'élança aussitôt à sa poursuite, mais sa course, retardée par sa lourde massue et par la difficulté de voir à travers les petits trous qui formaient la visière de son casque, donna le temps au rétiaire de préparer de nouveau son filet et de se retrouver en garde : aussitôt la chose faite, il se remit en position, et le mirmillon en défense.

Pendant sa course, le sécutor avait ramassé son javelot, et pendu comme un trophée à sa ceinture le bonnet de son adversaire : chaque combattant se retrouva donc avec ses armes ; cette fois ce fut le mirmillon qui commença : son javelot, lancé une seconde fois de toute la force de son bras, alla frapper en plein dans le bouclier du rétiaire, traversa la plaque de bronze qui le recouvrait, puis les sept lanières de cuir repliées les unes sur les autres, et alla effleurer sa poitrine : le peuple le crut blessé à mort, et de tous côtés s'élança le cri : *Il en tient ! il en tient !*

Mais aussitôt, le rétiaire écartant de sa poitrine son bouclier, où était resté pendu le javelot, montra qu'il était à peine blessé; alors l'air retentit de cris de joie, car ce que craignaient avant tout les spectateurs, c'étaient les combats trop courts; aussi regardait-on avec mépris, quoique la chose ne fût pas défendue, les gladiateurs qui frappaient à la tête.

Le mirmillon se mit à fuir, car sa massue, arme terrible lorsqu'il poursuivait le rétiaire désarmé de son filet, lui devenait à peu près inutile du moment où celui-ci le portait sur son épaule; car, en s'approchant assez près de son adversaire pour le frapper, il lui donnait toute facilité de l'envelopper dans ses mailles mortelles. Alors commença le spectacle d'une fuite dans toutes les règles, car la fuite était aussi un art; mais, dans l'une comme dans l'autre course, le mirmillon se trouvait empêché par son casque; bientôt le rétiaire se trouva si près de lui, que des cris partirent pour avertir le Gaulois; celui-ci vit qu'il était perdu s'il ne se débarrassait promptement de son casque qui lui était devenu inutile; il ouvrit, en courant toujours, l'agrafe de fer qui le maintenait fermé, et l'arrachant de sa tête, il le jeta loin de lui. Alors on reconnut avec étonnement dans le mirmillon un jeune homme d'une des plus nobles familles de Rome, nommé Festus, qui avait pris ce casque à visière bien plus pour se déguiser que pour se défendre; cette découverte redoubla l'intérêt que les spectateurs prenaient au combat.

Dès lors ce fut le jeune patricien qui gagna du terrain sur l'autre, qui, à son tour, se trouvait embarrassé de son bouclier percé du javelot, qu'il n'avait pas voulu arracher de peur de rendre une arme à son ennemi; excité par les cris des spectateurs et par la fuite continue de son adversaire, il jeta loin de lui le bouclier et le trait, et se retrouva libre de ses mouvemens; mais alors, soit que le mirmillon vît dans cette action une imprudence qui égalisât le nouveau le combat, soit qu'il fût las de fuir, il s'arrêta tout à coup, faisant tourner sa massue autour de sa tête; le rétiaire, de son côté, prépara son arme; mais, avant qu'il fût à portée de son ennemi, la massue, lancée en sifflant comme la poutre d'une catapulte, alla frapper le rétiaire au milieu de la poitrine; celui-ci chancela un instant, puis tomba, abattu et couvert lui même des mailles de son propre filet. Festus alors s'élança sur le bouclier, en arracha le javelot, et d'un seul bond se retrouvait près de son ennemi, lui posa le fer de son arme sur la gorge, et interrogea le peuple pour savoir s'il devait le tuer ou lui faire grâce. Toutes les mains alors s'élevèrent, les unes rapprochées, les autres isolées, en renversant le pouce; mais comme il était impossible au milieu de cette foule de distinguer la majorité, le cri : *Aux vestales ! aux vestales !* se fit entendre : c'était l'appel en cas de doute. Festus se retourna donc vers le podium ; les douze vestales se levèrent : huit avaient le pouce renversé : la majorité était pour la mort ; en conséquence, le rétiaire prit lui-même la pointe du fer, l'appuya sur sa gorge, cria une dernière fois : *César est Dieu !* et sentit, sans pousser une plainte, le javelot de Festus lui ouvrir l'artère du cou et pénétrer jusqu'à sa poitrine.

Le peuple alors battit des mains au vainqueur et au vaincu, car l'un avait tué avec adresse et l'autre était mort avec grâce. Festus fit le tour de l'amphithéâtre pour recevoir les applaudissemens, et sortit par une porte tandis que l'on emportait par l'autre le corps de son ennemi.

Aussitôt un esclave entra avec un râteau, retourna le sable pour effacer la trace du sang, et deux nouveaux combattans parurent dans la lice : c'étaient deux dimachères.

Les dimachères étaient les raffinés du siècle de Néron ; sans casque, sans cuirasse, sans bouclier, sans ocréa (1), ils combattaient, une épée de chaque main, comme faisaient nos cavaliers de la Fronde dans leurs duels à la dague et au poignard ; aussi ces combats étaient-ils regardés comme le triomphe de l'art, et quelquefois les champions n'étaient autres que les maîtres d'escrime eux-mêmes. Cette fois, c'était un professeur et son élève ; l'écolier avait si bien profité des leçons, qu'il venait attaquer le maître avec ses propres feintes ; quelques mauvais traitemens qu'il en avait reçus avaient depuis longtemps fait germer une haine vivace au plus profond de son cœur ; mais il l'avait dissimulée à tous les yeux ; et dans l'intention de se venger un jour, il avait continué ses exercices journaliers, et fini par surprendre tous les secrets de la profession. Ce fut donc pour des spectateurs aussi artistes une chose curieuse à voir que ces deux hommes qui, pour la première fois, allaient substituer à leurs jeux fictifs un combat réel, et changer leurs armes émoussées contre des lames acérées et tranchantes. Aussi leur apparition fut-elle saluée par une triple salve d'applaudissemens, qui cessèrent, aussitôt que le maître des jeux eut donné le signal sur un geste de l'empereur, pour faire place au plus profond silence.

Les adversaires s'avancèrent l'un contre l'autre, animés de cette haine profonde qu'inspire toute rivalité ; mais cependant cette haine, qui jaillissait en éclairs de leurs yeux, donnait une nouvelle circonspection à l'attaque et à la défense, car c'était non seulement leurs vies qu'ils jouaient, mais encore la réputation que l'un possédait depuis longtemps, et que l'autre venait d'acquérir.

Enfin leurs épées se touchèrent ; deux serpens qui jouent, deux éclairs qui se croisent, sont plus faciles à suivre dans leur flamboyante rapidité que ne l'était le mouvement de l'épée qu'ils tenaient de la main droite et avec laquelle ils s'attaquaient, tandis que de la gauche ils paraient comme avec un bouclier. Passant successivement de l'attaque à la défense, et avec une régularité merveilleuse, l'élève fit d'abord reculer le maître jusqu'au pied du trône où était l'empereur, et le maître à son tour fit reculer l'élève jusqu'au podium, où siégeaient les vestales ; puis ils se revirent au milieu du cirque, sains et saufs tous deux, quoique vingt fois la pointe de chaque épée se fût approchée assez près de la poitrine pour déchirer la tunique sous laquelle elle cherchait le cœur ; enfin le plus jeune des deux fit un bond en arrière ; les spectateurs crièrent : *Il en tient !* Mais aussitôt, quoique le sang coulât par le bas de sa tunique, le long d'une de ses cuisses, il revint au combat, plus acharné qu'auparavant, et au bout de deux passes, ce fut le maître à son tour qui indiqua, par un mouvement imperceptible à des yeux moins exercés que ceux qui le regardaient, que la froide sensation du fer venait de passer dans ses veines ; mais cette fois aucun cri ne se fit entendre ; l'extrême curiosité est muette ; on n'entendait, à quelques coups habilement portés ou parés, que ce frémissement sourd qui indique à l'acteur que le public ne l'applaudit pas, ce n'est pas faute de l'apprécier, mais au contraire pour ne pas l'interrompre dans son jeu. Aussi chacun des combattans redoublait-il d'ardeur, et les épées continuèrent-elles de voltiger avec la même vélocité, si bien que cette singulière lutte menaçait de n'avoir pas d'autre fin que l'épuisement des forces, lorsque le maître, en reculant devant l'élève, glissa et tomba tout à coup : son pied avait porté sur la terre fraîche de sang ; l'élève, profitant de cet avantage que lui donnait le hasard, se précipita sur lui ; mais au grand étonnement des spectateurs, on ne les vit se relever ni l'un ni l'autre ; le peuple tout entier se leva en joignant les deux mains et en criant : *Grâce ! liberté !* mais aucun des deux combattans ne répondit. Le maître des jeux entra alors dans le cirque, apportant de la part de l'empereur les palmes de victoire et les baguettes de liberté ; mais il était trop tard, les champions étaient déjà, sinon victorieux, du moins libres : ils s'étaient enferrés l'un l'autre, et tués tous deux.

Aux dimachères devaient succéder, comme nous l'avons dit, les *andabates ;* sans doute on les avait inscrits immédiatement après les dimachères pour réjouir le peuple par un contraste ; car à ces nouveaux gladiateurs l'art et l'adresse étaient complètement inutiles ; ils avaient la tête entièrement enfermée dans un casque qui n'avait d'ouver-

(1) Nom des bottines de bronze.

ture qu'à la place de la bouche pour les laisser respirer ; et en face des oreilles pour qu'ils pussent entendre ; ils combattaient donc en aveugles. Le peuple se réjouissait fort, au reste, à ce terrible colin-maillard où chaque coup portait, les adversaires n'ayant aucune armure défensive qui pût ni le repousser ni l'amortir.

Au moment où les nouvelles victimes, car ces malheureux ne méritaient pas le nom de combattans, étaient introduites dans l'arène, au milieu des éclats de rire de la multitude, Anicétus s'approcha de l'empereur et lui remit des lettres. Néron les lut avec une grande inquiétude, et à la dernière une altération profonde se peignit sur son visage. Il resta un instant pensif, puis, se levant tout à coup, il s'élança hors du cirque en faisant signe de continuer les jeux malgré son absence ; cette circonstance, qui n'était pas nouvelle, car souvent des affaires pressantes appelaient inopinément, au milieu d'une fête, les Césars au forum, au sénat ou au palatin, loin d'avoir un résultat fâcheux pour les plaisirs des spectateurs, leur donnait au contraire une nouvelle liberté, car n'étant plus empêché par la présence de l'empereur, le peuple devenait alors véritablement roi : les jeux comme l'avait ordonné Néron, continuèrent donc d'avoir leur cours, quoique César ne fût plus là pour y présider.

Les deux champions se mirent donc en marche pour se rejoindre, traversant le cirque dans sa largeur ; à mesure qu'ils s'approchaient l'un de l'autre, on les voyait, substituant le sens de l'ouïe à celui de la vue, essayer d'écouter le danger qu'ils ne pouvaient voir : mais on comprend combien une pareille appréciation était trompeuse : aussi étaient-ils encore loin l'un de l'autre qu'ils agitaient déjà leurs épées, qui ne frappaient encore que l'air; enfin excités par ces cris : *En avant, en avant ! à droite ! à gauche !* ils s'avancèrent avec plus de hardiesse ; mais, se dépassant sans se toucher, ils finirent par se tourner le dos en continuant de se menacer. Aussitôt les éclats de rire et les huées des spectateurs devinrent tels qu'ils s'aperçurent de ce qu'ils venaient de faire ; et, se retournant d'un même mouvement, ils se retrouvèrent en face l'un de l'autre et à portée : leurs épées se touchèrent, et en même temps, frappant d'une manière différente, l'un reçut un coup de pointe dans la cuisse droite, l'autre un coup d'estoc sur le bras gauche. Chaque blessé fit un mouvement, et les deux adversaires se trouvèrent de nouveau séparés, et ne sachant plus comment se rejoindre. Alors, l'un des deux se coucha à terre pour écouter le bruit des pas, et surprendre son ennemi, puis, comme il s'approchait, pareil à un serpent caché qui darde sa langue, le gladiateur couché atteignit son adversaire une seconde fois; celui-ci se sentant dangereusement blessé, fit un pas rapide en avant, heurta du pied le corps de son ennemi, et alla tomber à deux ou trois palmes de lui, mais, se relevant aussitôt, il décrivit avec son épée un cercle horizontal si rapide et si vigoureux, que l'arme, rencontrant le cou de son adversaire à l'endroit où cessait de le protéger le casque, lui enleva la tête de dessus les épaules aussi habilement qu'eût pu le faire le bourreau ; le tronc resta un instant debout, tandis que la tête, enfermée dans son enveloppe de fer, roulait loin de lui, puis, faisant quelques pas stupides et insensés, comme s'il cherchait après lui, il tomba sur le sable qu'inonda de sang. Aux cris du peuple, le gladiateur qui était resté debout jugea que le coup qu'il venait de porter était mortel, mais il ne continua pas moins de se tenir en défense contre l'agonie de son adversaire. Alors un des maîtres entra et lui ouvrit son casque, en criant :

— Tu es libre et vainqueur.

Il sortit alors par la porte qu'on appelait *sana vivaria*, parce que c'était par elle que quittaient le cirque les combattans échappés à la mort, tandis qu'on emportait le cadavre dans le *spoliaire*, espèce de caverne située sous les degrés de l'amphithéâtre, où des médecins attendaient les blessés, et où deux hommes se promenaient, l'un habillé en Mercure et l'autre en Pluton : Mercure, afin de voir s'il était demeuré dans les corps, en apparence insensibles,

quelque reste de vitalité, les touchait avec un caducée rougi à la forge, tandis que Pluton assommait avec un maillet ceux que les médecins jugeaient incapables de guérison.

A peine les andabates furent-ils sortis, qu'un grand tumulte régna dans le cirque ; aux gladiateurs allaient succéder les bestiaires, et ceux-là étaient des chrétiens, de sorte que toute la haine était pour les hommes et toute la sympathie pour les animaux. Cependant, quelle que fût l'impatience de la foule, force lui fut d'attendre que les esclaves eussent passé les râteaux sur le sable du cirque, mais cette opération fut hâtée par les cris furieux qui s'élevaient de tous les points de l'amphithéâtre ; enfin les esclaves se retirèrent, l'arène resta un instant vide, et la multitude dans l'attente ; enfin une porte s'ouvrit, et tous les regards se tournèrent vers les nouvelles victimes qui allaient entrer.

Ce fut d'abord une femme, vêtue d'une robe blanche et couverte d'un voile blanc. On la conduisit vers un des arbres, et on l'y attacha par le milieu du corps ; alors un des esclaves lui arracha son voile, et les spectateurs purent voir une figure d'une beauté parfaite, pâle, mais résignée: un long murmure se fit entendre. Malgré son titre de chrétienne, la jeune fille avait, dès la première vue, ému l'âme de cette multitude si impressionnable et si changeante. Pendant que tous les yeux étaient fixés sur elle, une porte parallèle s'ouvrit, et un jeune homme entra : c'était l'habitude d'exposer ainsi aux bêtes un chrétien et une chrétienne, et en donnant à l'homme tous les moyens de défense, afin que le désir de retarder non-seulement sa mort, mais encore celle de sa compagne, que l'on choisissait toujours sœur, maîtresse où mère, donnant au fils, à l'amant ou au frère un nouveau courage, prolongeât un combat que les chrétiens refusaient presque toujours pour le martyre, quoiqu'ils sussent que, s'ils triomphaient des trois premiers animaux qu'on lâchait contre eux, ils étaient sauvés.

En effet, quoique cet homme, dont au premier aspect il était facile de reconnaître la vigueur et la souplesse, fût suivi de deux esclaves dont l'un portait une épée et deux javelots, et dont l'autre conduisait un coursier numide, il ne parut pas disposé à donner au peuple le spectacle de la lutte qu'il attendait. Il s'avança lentement dans le cirque, promena autour de lui un regard calme et assuré, puis, faisant signe de la main que le cheval et les armes étaient inutiles, il regarda le ciel, tomba à genoux et se mit à prier. Alors le peuple, trompé dans son attente, commença de menacer et de rugir : c'était un combat et non un martyre qu'il était venu voir, et les cris : *A la croix! à la croix!* se firent entendre, car, supplice pour supplice, il préférait au moins celui dont l'agonie était la plus longue. Alors un rayon de joie ineffable apparut dans les yeux du jeune homme, et il étendit les bras en signe d'actions de grâces, heureux qu'il était de mourir de la même mort dont le Sauveur avait fait une apothéose : en ce moment il entendit un si profond soupir qu'il se retourna.

— Silas ! Silas !... murmura la jeune fille.

— Acté ! s'écria le jeune homme en se relevant et en se précipitant vers elle.

— Silas, ayez pitié de moi, dit Acté ; lorsque je vous ai reconnu, un espoir est entré dans mon cœur. Vous êtes brave et fort, Silas, habitué à lutter avec les habitans des forêts et les hôtes du désert, peut-être si vous eussiez combattu nous eussiez-vous sauvés tous deux.

— Et le martyre ! interrompit Silas en montrant le ciel.

— Et la douleur ! dit Acté en laissant tomber sa tête sur sa poitrine. Hélas ! je ne suis pas comme toi née dans une ville sainte; je n'ai point entendu la parole de vie de la bouche de celui pour qui nous allons mourir : je suis une jeune fille de Corinthe, élevée dans la religion de mes ancêtres ; ma foi et ma croyance sont nouvelles, et le mot de martyre ne m'est connu que depuis hier ; peut-être aurais-je encore du courage pour moi-même ; mais, Silas, s'il me faut vous voir mourir devant moi de cette mort lente et cruelle, peut-être n'en aurais-je pas pour vous...

— C'est bien, je combattrai, répondit Silas : car je suis toujours sûr de retrouver plus tard la joie que vous m'enlevez aujourd'hui. Alors, faisant un signe de commandement aux esclaves: Mon cheval, mon épée et mes javelots! dit-il à haute voix et avec un geste d'empereur.

Et la multitude se mit à battre des mains, car elle comprit à cette voix et à ce geste qu'elle allait voir une de ces luttes herculéennes comme il lui en fallait pour ranimer ses sensations blasées par les combats ordinaires.

Silas s'approcha d'abord du cheval; c'était comme lui un fils de l'Arabe; ces deux compatriotes se reconnurent; l'homme dit au cheval quelques paroles dans une langue étrangère, et, comme si le noble animal les eût comprises, il répondit en hennissant. Alors Silas arracha du dos et de la bouche de son compagnon la selle et la bride que les Romains lui avaient imposées en signe d'esclavage, et l'enfant du désert bondit en liberté autour de celui qui venait de le lui rendre.

Pendant ce temps Silas se débarrassait à son tour de ce qui nuisait avoir de son costume avait de gênant, et, roulant son manteau rouge autour de son bras gauche, il resta avec sa tunique et son turban. Alors il ceignit son épée, prit ses javelots, appela son cheval qui obéit, docile comme une gazelle, et, s'élançant sur son dos, il fit, en se courbant sur le cou, et sans autre secours pour le diriger que celui de ses genoux et de sa voix, trois fois le tour de l'arbre où était enchaînée Acté, pareil à Persée prêt à défendre Andromède: l'orgueil de l'Arabe venait de reprendre le dessus sur l'humilité du chrétien.

En ce moment une porte à deux battans s'ouvrit au dessous du podium, et un taureau de Cordoue, excité par des esclaves, entra en mugissant dans le cirque; mais à peine y eut-il fait dix pas, qu'épouvanté du grand jour, de la vue des spectateurs et des cris de la multitude, il plia sur ses jarrets de devant, abaissa sa tête jusqu'à la terre, et, dirigeant sur Silas ses yeux stupides et féroces, il commença à se lancer, avec les pieds de devant, du sable sous le ventre, à écorcher le sol avec ses cornes, et à souffler la fumée par ses naseaux. En ce moment un des maîtres lui jeta un mannequin bourré de paille et ressemblant à un homme, le taureau s'élança aussitôt dessus et le foula aux pieds; mais au moment où il était le plus acharné contre lui, un javelot partit en sifflant de la main de Silas, et alla s'enfoncer dans son épaule: le taureau poussa un rugissement de douleur, puis, abandonnant aussitôt l'ennemi fictif pour l'adversaire réel, il s'avança sur le Syrien, rapide, la tête basse, et traînant sur le sable un sillon de sang. Mais celui-ci le laissa tranquillement s'approcher, puis, lorsqu'il ne fut plus qu'à quelques pas de lui, il fit faire, avec l'aide de la voix et des genoux, un bond de côté à sa légère monture, et tandis que le taureau passait, emporté par sa course, le second javelot alla cacher dans les flancs ses six pouces de fer: l'animal s'arrêta frémissant sur ses quatre pieds, comme s'il allait tomber, puis, se retournant presque aussitôt, il se rua sur le cheval et le cavalier; mais le cheval et le cavalier commencèrent à fuir devant lui, comme emportés par un tourbillon.

Ils firent ainsi trois fois le tour de l'amphithéâtre, le taureau s'affaiblissant à chaque fois et perdant du terrain sur le cheval et sur le cavalier; enfin, au troisième tour il tomba sur ses genoux; mais presque aussitôt se relevant, il poussa un mugissement terrible, et, comme s'il eût perdu l'espoir d'atteindre Silas, il regarda circulairement autour de lui, pour voir s'il ne trouverait pas quelque autre victime où épuiser sa colère: c'est alors qu'il aperçut Acté. Il sembla douter un instant que ce fût un être animé, tant son immobilité et sa pâleur lui donnaient l'aspect d'une statue, mais bientôt, tendant le cou et les narines, il aspira l'air qui venait de son côté. Aussitôt, rassemblant toutes ses forces, il piqua droit sur elle: la jeune fille le vit venir, et poussa un cri de terreur; mais Silas veillait sur elle: ce fut lui à son tour qui s'élança vers le taureau, et le taureau qui sembla le fuir; mais en quelques élans de son fidèle numide, il l'eût bientôt rejoint: alors il sauta du dos de son cheval sur celui du taureau, et, tandis que du bras gauche il le saisissait par une corne et lui tordait le cou,

de l'autre il lui plongeait son épée dans la gorge jusqu'à la poignée; le taureau égorgé tomba expirant à une demi-lance d'Acté, mais Acté avait fermé les yeux, attendant la mort, et les applaudissemens seuls du cirque lui apprirent la première victoire de Silas.

Trois esclaves entrèrent alors dans le cirque, deux conduisaient chacun un cheval qu'ils attelèrent au taureau afin de le traîner hors de l'amphithéâtre; le troisième tenait une coupe et une amphore; il emplit la coupe et la présenta au jeune Syrien; celui-ci y trempa ses lèvres à peine, et demanda d'autres armes: on lui apporta un arc, des flèches et un épieu; puis tout le monde se hâta de sortir, car au-dessous du trône que l'empereur avait laissé vide, une grille se soulevait, et un lion de l'Atlas, sortant de sa loge, entrait majestueusement dans le cirque.

C'était bien le roi de la création, car, au rugissement dont il salua le jour, tous les spectateurs frémirent, et le coursier lui-même, se défiant pour la première fois de la légèreté de ses pieds, répondit par un hennissement de terreur. Silas seul, habitué à cette voix puissante pour l'avoir ouïe d'une fois entendue retentir dans les déserts qui s'étendent du lac Asphalte aux sources de Moïse, se prépara à la défense ou à l'attaque en s'abritant derrière l'arbre le plus voisin de celui où était attachée Acté, et en apprêtant sur son arc la meilleure et la plus acérée de ses flèches; pendant ce temps-là, son noble et puissant ennemi s'avançait avec lenteur et confiance, ne sachant pas ce qu'on attendait de lui, ridant les plis de sa large face, et balayant le sable de sa queue. Alors les maîtres lui lancèrent pour l'exciter des traits émoussés ou des banderolles de différentes couleurs; mais lui, impassible et grave, continuait de s'avancer sans s'inquiéter de ces agaceries, lorsque tout à coup, au milieu des baguettes inoffensives, une flèche acérée et sifflante passa comme un éclair, et vint s'enfoncer dans une de ses épaules. Alors il s'arrêta tout à coup avec plus d'étonnement que de douleur, et comme ne pouvant comprendre qu'un être humain fût assez hardi pour l'attaquer: il doutait encore de sa blessure; mais bientôt ses yeux devinrent sanglans, sa gueule s'ouvrit, un rugissement grave et prolongé, pareil au bruissement du tonnerre, s'échappa comme d'une caverne de la profondeur de sa poitrine; il saisit la flèche fixée dans la plaie, et la brisa entre ses dents; puis, jetant autour de lui un regard où seul, malgré la grille qui les protégeait, fit reculer les spectateurs eux-mêmes, il chercha un objet où faire tomber sa royale colère: en ce moment il aperçut le coursier, frémissant comme s'il sortait de l'eau glacée, quoiqu'il fût couvert de sueur et d'écume; et, cessant de rugir, pour pousser un cri court, aigu et réitéré, il fit un bond qui le rapprocha de vingt pas de la première victime qu'il avait choisie.

Alors commença une seconde course plus merveilleuse encore que la première; car là il n'y avait plus même la science de l'homme pour gâter l'instinct des animaux; la force et la vitesse se trouvèrent aux prises dans toute leur sauvage énergie, et les yeux de deux cent mille spectateurs se détournèrent un instant des deux chrétiens pour suivre autour de l'amphithéâtre cette chasse fantastique d'autant plus agréable à la foule qu'elle était moins attendue: un second élan avait rapproché le lion du cheval, qui, acculé au fond du cirque, n'osant fuir ni à droite ni à gauche, s'élança par dessus la tête de son ennemi, qui se mit à le poursuivre par bonds inégaux, hérissant sa crinière, et poussant de temps en temps des rauquemens aigus auxquels le fugitif répondait par des hennissemens d'épouvante; trois fois on vit passer comme une ombre, comme une apparition, un coursier infernal échappé du char de Pluton, l'enfant rapide de la Numidie, et chaque fois, sans que le lion parût faire effort pour le suivre, on le vit se rapprocher de celui qu'il poursuivait jusqu'à ce qu'enfin, rétrécissant toujours le cercle, il se trouvât courir parallèlement avec lui; enfin le cheval, voyant qu'il ne pouvait plus échapper à son ennemi, se dressa tout debout le long de la grille, battant convulsivement l'air de ses pieds de devant; alors le lion s'approcha lentement, comme fait un vainqueur sûr de sa victoire, s'arrêtant de temps en temps pour rugir, secouer sa crinière et déchirer alternativement le sable de l'arène avec chacune de ses griffes. Quant au malheureux coursier, fasciné comme le sont, dit-on, les daims et les gazelles à la vue du serpent, il tomba, se débattant, et se roula sur le sable dans l'agonie de la terreur : en ce moment, une seconde flèche partit de l'arc de Silas, et alla s'enfoncer profondément entre les côtes du lion : l'homme venait au secours du coursier et rappelait à lui la colère qu'il avait détournée un instant de lui.

Le lion se retourna, car il commençait de comprendre qu'il y avait dans le cirque un ennemi plus terrible que celui qu'il venait d'abattre en le regardant ; ce fut alors qu'il aperçut Silas qui venait de tirer de sa ceinture une troisième flèche et la posait sur la corde de son arc ; il s'arrêta un instant en face de l'homme, cet autre roi de la création. Cet instant suffit au Syrien pour envoyer à son ennemi un troisième messager de douleur, qui traversa la peau mouvante de sa face et alla s'enfoncer dans son cou ; puis ce qui se passa alors fut rapide comme une vision : le lion s'élança sur l'homme, l'homme le reçut sur son épieu, puis l'homme et le lion roulèrent ensemble ; on vit voler des lambeaux de chair, et les spectateurs les plus proches se sentirent mouiller d'une pluie de sang. Acté jeta un cri d'adieu à son frère : elle n'avait plus de défenseur, mais aussi elle n'avait plus d'ennemi : le lion n'avait survécu à l'homme que le temps nécessaire à sa vengeance, l'agonie du bourreau avait commencé comme celle de la victime finissait : quant au cheval, il était mort sans que le lion l'eût touché.

Les esclaves rentrèrent, et emportèrent, au milieu des cris, des applaudissemens frénétiques de la multitude, le cadavre de l'homme et des animaux.

Alors tous les yeux se reportèrent sur Acté, que la mort de Silas laissait sans défense. Tant qu'elle avait vu son frère vivant, elle avait espéré pour elle. Mais en le voyant tomber elle avait compris que tout était fini, et elle avait essayé de murmurer, pour lui qui était mort et pour elle qui allait mourir, des prières qui s'éteignaient en sons inarticulés, sur ses lèvres pâles et muettes : au reste, contre l'habitude, il y avait sympathie pour elle dans cette foule, qui la reconnaissait à ses traits pour une Grecque ; tandis qu'elle l'avait prise d'abord pour une juive. Les femmes, et les jeunes gens, qui surtout commençaient à murmurer, et quelques spectateurs, se levaient pour demander sa grâce, lorsque les cris, *Assis! assis!* se firent entendre des gradins supérieurs : une grille s'était levée, et une tigresse se glissait dans l'arène.

A peine sortie de sa loge, elle se coucha à terre, regardant autour d'elle avec férocité, mais sans inquiétude et sans étonnement ; puis elle aspira l'air, et se mit à ramper comme un serpent vers l'endroit où le cheval s'était abattu : arrivée là, elle se dressa comme il avait fait contre la grille, flairant et mordant les barreaux qu'il avait touchés, puis elle rugit doucement, interrogeant le fer, et le sable et l'air, sur la proie absente : alors des émanations de sang tiède encore et de chair palpitante parvinrent jusqu'à elle, car les esclaves, cette fois, n'avaient pas pris la peine de retourner le sable : elle marcha droit à l'arbre contre lequel s'était livré le combat de Silas et du lion, ne se détournant à droite et à gauche que pour ramasser des lambeaux de chair qu'avait voler autour de lui le noble animal qui l'avait précédée dans le cirque, enfin elle arriva à une flaque de sang que le sable n'avait point encore absorbée, et elle se mit à boire comme un chien altéré, rugissant et s'animant à mesure qu'elle buvait : puis, lorsqu'elle eut fini, elle regarda de nouveau autour d'elle avec des yeux étincelans, et ce fut alors seulement qu'elle aperçut Acté, qui, attachée à l'arbre et les yeux fermés, attendait la mort sans oser la voir venir.

Alors la tigresse se coucha à plat ventre, rampant d'une manière oblique vers sa victime, mais sans la perdre de vue; puis arrivée à dix pas d'elle, elle se releva, aspira le cou tendu et les naseaux ouverts, l'air qui venait de son côté ; alors d'un seul bond franchissant l'espace qui la séparait encore de la jeune chrétienne, elle retomba à ses pieds, et lorsque l'amphithéâtre tout entier, s'attendant à la voir mettre en pièces, jetait un cri de terreur dans lequel éclatait tout l'intérêt qu'avait inspiré la jeune fille à ces spectateurs qui étaient venus pour battre des mains à sa mort, la tigresse se coucha, douce et câline comme une gazelle, poussant de petits cris de joie, et léchant les pieds de son ancienne maîtresse : à ces caresses inattendues Acté surprise rouvrit les yeux et reconnut Phœbé, la favorite de Néron.

Aussitôt les cris de *Grâce ! grâce !* retentirent de tous côtés, car la multitude avait pris la reconnaissance de la tigresse et de la jeune fille pour un prodige ; d'ailleurs Acté avait subi les trois épreuves voulues, et puisqu'elle était sauve, elle était libre : alors l'esprit changeant des spectateurs passa, par une de ces transitions si naturelles à la foule, de l'extrême cruauté à l'extrême clémence. Les jeunes chevaliers jetèrent leurs chaînes d'or, les femmes leurs couronnes de fleurs. Tous se levèrent sur les gradins, appelant les esclaves pour qu'ils vinssent détacher la victime. A ces cris, Lybicus, le noir gardien de Phœbé, entra et coupa avec un poignard les liens de la jeune fille, qui tomba aussitôt sur ses genoux : car ces liens étaient le seul appui qui soutenait debout son corps brisé par la terreur ; mais Lybicus la releva, et, soutenant sa marche, il la conduisit, accompagnée de Phœbé qui la suivait comme un chien, vers la porte appelée *sana vivaria*, parce que c'était par cette porte, comme nous l'avons dit déjà, que sortaient les gladiateurs, les bestiaires et les condamnés qui échappaient au carnage : à l'autre seuil une foule immense l'attendait, car les hérauts, descendant dans le cirque, venaient d'annoncer la suspension des jeux qui ne devaient reprendre qu'à cinq heures du soir ; à son aspect elle éclata en applaudissemens et voulut l'emporter en triomphe, mais Acté suppliante joignit les mains, et le peuple s'ouvrit devant elle, lui laissant le passage libre : alors elle gagna le temple de Diane, s'assit derrière une colonne de la cella ; elle y resta pleurante et désespérée, car elle regrettait maintenant de n'être pas morte en se voyant seule au monde, sans père, sans amant, sans protecteur et sans ami : car son père était perdu pour elle, son amant l'avait oubliée, Paul et Silas étaient morts martyrs.

Lorsque la nuit fut venue, elle se rappela qu'il lui restait une famille, et elle reprit seule et silencieuse le chemin des Catacombes.

Le soir, à l'heure dite, l'amphithéâtre se rouvrit de nouveau : l'empereur reprit sa place sur le trône qui était resté vide pendant une partie de la journée, et les fêtes recommencèrent ; puis, lorsque l'ombre fut descendue, Néron se souvint de la promesse qu'il avait faite au peuple de lui donner une chasse aux flambeaux : on attacha à douze poteaux de fer douze chrétiens enduits de soufre et de résine, et l'on y mit le feu ; puis l'on fit descendre dans le cirque de nouveaux lions et de nouveaux gladiateurs.

Le lendemain, un bruit se répandit dans Rome, c'est que les lettres qu'avait reçues César pendant le spectacle, et qui avaient paru lui faire une si profonde impression, annonçaient la révolte des légions de l'Espagne et des Gaules, commandées par Galba et par Vindex.

XVI.

Trois mois après les événemens que nous venons de raconter, à la fin d'un jour pluvieux et au commencement d'une nuit d'orage, cinq hommes sortis de la porte Nomentane s'avançaient à cheval sur la voie qui porte le même nom : celui qui marchait le premier, et que par conséquent on pouvait considérer comme le chef de la petite troupe, était pieds nus, portait une tunique bleue, et par dessus cette tunique un grand manteau de couleur sombre; quant à sa figure, soit pour la garantir de la pluie qui fouettait avec violence, soit pour la soustraire aux regards des curieux, elle était entièrement couverte d'un voile; car, quoique, comme nous l'avons dit, la nuit fût affreuse, quoique les éclairs sillonnassent l'ombre, quoique le tonnerre retentît sans interruption, la terre semblait tellement occupée de ses révolutions, qu'elle avait oublié celles du ciel. En effet, de grands cris populaires s'élevaient de la cité impériale, pareils aux rumeurs de l'Océan pendant une tempête, et tandis que sur la route on rencontrait de cent pas en cent pas, soit des individus isolés, soit des groupes dans le genre de celui que nous venons de décrire; tandis qu'aux deux côtés des voies Alaria et Nomentane, on voyait s'élever les nombreuses tentes des soldats prétoriens qui avaient abandonné leurs casernes situées dans l'enceinte de Rome, et étaient venus chercher hors des murs de la ville un campement plus libre et plus difficile à surprendre. C'était, comme nous l'avons dit, une de ces nuits terribles où toutes les choses de la création prennent une voix pour se plaindre, tandis que les hommes se servent de la leur pour blasphémer. Au reste l'on eût dit, à la terreur du chef de la cavalcade sur laquelle nous avons attiré l'attention de nos lecteurs, qu'il était le but vers lequel se dirigeait la double colère des hommes et des dieux. En effet, au moment où il sortit de Rome, un souffle étrange avait passé dans l'air, et au même instant les arbres en frémissaient, la terre avait tressailli et les chevaux s'étaient abattus en hennissant, tandis que les maisons éparses dans la campagne oscillaient visiblement sur leur base. Cette commotion n'avait duré que quelques secondes, mais elle avait couru de l'extrémité des Apennins à la base des Alpes, si bien que toute l'Italie en avait tremblé. Un instant après, en traversant le pont jeté sur le Tibre, un des cavaliers fit remarquer à ses compagnons que l'eau, au lieu de descendre à la mer, remontait en bouillonnant vers sa source, ce qui ne s'était vu encore que le jour où Julius César avait été assassiné. Enfin, en arrivant au sommet d'une colline d'où l'on découvre Rome tout entière, et sur la crête de laquelle un cyprès aussi ancien que la ville s'élevait, vénérable et respecté, un coup de tonnerre s'était fait entendre, le ciel avait semblé s'ouvrir, et la foudre, enveloppant les voyageurs d'une nuée sulfureuse, avait été briser l'arbre séculaire qu'avaient jusqu'alors respecté le temps et les révolutions.

A chacun de ces présages sinistres, l'homme voilé avait poussé un gémissement sourd, et avait, malgré les représentations d'un de ses compagnons, mis son cheval à une allure un peu plus vive; de sorte que la petite troupe suivait alors au trot au milieu de la voie; à une demi-lieue de la ville à peu près, elle rencontra une troupe de paysans qui, malgré le temps affreux qu'il faisait, venaient joyeusement à Rome. Ils étaient parés de leurs habits de fête et avaient sur la tête des bonnets d'affranchis, pour indiquer que de ce jour le peuple était libre. L'homme voilé voulut quitter le pavé et prendre à travers terre; son compagnon saisit son cheval par la bride, et le força de continuer sa route. Lorsqu'ils arrivèrent près des paysans, un d'eux leva son bâton pour leur faire signe d'arrêter; les cavaliers obéirent.

— Vous venez de Rome? dit le paysan.
— Oui, répondit le compagnon de l'homme voilé.
— Que disait-on d'Œnobarbus?
L'homme voilé tressaillit.
— Qu'il s'était sauvé, répondit un des cavaliers.
— Et de quel côté?
— Du côté de Naples : il a été vu, dit-on, sur la voie Appienne.
— Merci, dirent les paysans; et ils continuèrent leur route vers Rome, en criant : Vive Galba! et mort à Néron !
Ces cris en éveillèrent d'autres dans la plaine, et, des deux côtés du camp, les voix des prétoriens se firent entendre, chargeant César d'affreuses imprécations.

La petite cavalcade continua son chemin; un quart de lieue plus loin elle rencontra une troupe de soldats.
— Qui êtes-vous? dit un des hastati, en barrant le chemin avec sa lance.
— Des partisans de Galba, qui cherchent Néron, répondit un des cavaliers.
— Alors, meilleure chance que nous, dit le décurion, car nous l'avons manqué.
— Comment cela?
— Oui, l'on nous avait dit qu'il devait passer sur cette route, et, voyant un homme qui courait au galop, nous avons cru que c'était lui.
— Et?... — dit d'une voix tremblante l'homme voilé.
— Et nous l'avons tué, répondit le décurion; ce n'est qu'en regardant le cadavre que nous nous sommes aperçus que nous nous étions trompés. Soyez plus heureux que nous, et que Jupiter vous protége!

L'homme voilé voulut de nouveau remettre son cheval au galop, mais ses compagnons l'arrêtèrent. Il continua donc de suivre la route; mais au bout de cinq cents pas à peu près son cheval butta contre un cadavre, et fit un écart si violent que le voile qui lui couvrait le visage s'écarta. En ce moment passait un soldat prétorien qui revenait en congé. — Salut, César! dit le soldat. Il avait reconnu Néron à la lueur d'un éclair.

En effet, c'était Néron lui-même, qui venait de se heurter au cadavre de celui que l'on avait pris pour lui; Néron, pour qui à cette heure tout était un motif d'épouvante, jusqu'à cette marque de respect que lui donnait un vétéran; Néron, qui, tombé du faîte de la puissance, par un de ces retours de fortune inouïs dont l'histoire de cette époque offre plusieurs exemples, se voyait à son tour fugitif et proscrit, fuyant la mort qu'il n'avait le courage ni de se donner, ni de recevoir.

Jetons maintenant les yeux en arrière, et voyons par quelle suite d'événemens le maître du monde avait été réduit à cette extrémité.

En même temps que l'empereur entrait au cirque, où il était salué par les cris de Vive Néron l'Olympique! vive Néron Hercule! vive Néron Apollon! vive Auguste, vainqueur de tous ses rivaux! gloire à cette voix divine! heureux ceux à qui il a été donné d'entendre ces accens célestes! un courrier venant des Gaules franchissait au galop de son cheval ruisselant de sueur la porte Flaminienne, traversait le Champ-de-Mars, passait sous l'arc de Claude, longeait le Capitole, entrait au cirque, et remettait à la garde qui veillait à la loge de l'empereur les lettres qu'il apportait de si loin et en si grande hâte. Ce sont ces lettres qui, comme nous l'avons dit, avaient forcé César de quitter le cirque; et, en effet, elles étaient d'une importance qui expliquait la disparition subite de César.

Elles annonçaient la révolte des Gaules.

Il y a des époques dans l'histoire du monde où l'on voit un empire qui semblait endormi d'un sommeil de mort, tressaillir tout à coup comme si, pour la première fois, le génie de la liberté descendait du ciel pour illuminer ses songes; alors, quelle que soit son étendue, la commotion électrique qui l'a fait frissonner s'étend du nord au midi, de l'orient à l'occident, et court à des distances inouïes réveiller des peuples qui n'ont aucune communication entre eux, mais qui, tous arrivés au même degré de servitude, éprouvent le même besoin d'affranchissement : alors, comme si quelque éclair leur avait porté le mot d'ordre de la tempête, on entend les mêmes cris venir de vingt points opposés; tous demandant la même chose dans des langues différentes, c'est-à-dire que ce qui est ne soit plus. L'avenir sera-t-il meilleur que le présent? Nul ne le sait, et peu importe, mais le présent est si lourd, qu'il faut d'abord s'en débarrasser, puis l'on transigera avec l'avenir.

L'empire romain, jusqu'à ses limites les plus reculées, en était arrivé à cette période. Dans la Germanie inférieure, Fonteius Capiton ; dans les Gaules, Vindex ; en Espagne, Galba ; en Lusitanie, Othon ; en Afrique, Claudius Macer, et en Syrie, Vespasien, formaient avec leurs légions un demi-cercle menaçant, qui n'attendait qu'un signe pour se resserrer sur la capitale. Seul, Virginius, dans la Germanie supérieure, était décidé, quelque chose qui arrivât, à rester fidèle, non pas à Néron, mais à la patrie : il ne fallait donc qu'une étincelle pour allumer un incendie. Ce fu Julius Vindex qui la fit jaillir.

Ce préteur, originaire d'Aquitaine, issu de race royale, homme de cœur et de tête, comprit que l'heure où la famille des Césars devait s'éteindre était arrivée. Sans ambition pour lui-même, il jette les yeux autour de lui, afin de trouver l'homme élu d'avance par la sympathie générale. A sa droite, et de l'autre côté des Pyrénées, était Sulpicius Galba, que ses victoires en Afrique et en Germanie avaient fait à la fois puissant sur le peuple et sur l'armée. Sulpicius Galba haïssait l'empereur, dont la crainte l'avait arraché de sa villa de Fondi pour l'envoyer en Espagne comme exilé plutôt que comme préteur. Sulpicius Galba était désigné d'avance et depuis longtemps par les traditions populaires et par les oracles divins comme devant porter la couronne : c'était l'homme qui convenait en tout point pour mettre à la tête d'une révolte. Vindex lui envoya secrètement des lettres qui contenaient tout le plan de l'entreprise, qui lui promettaient, à défaut du concours des légions, l'appui de cent mille Gaulois, et qui le suppliaient, s'il ne voulait pas concourir à la chute de Néron, de ne point se refuser du moins à la dignité suprême qu'il n'avait point cherchée, mais qui venait s'offrir à lui.

Quant à Galba, son caractère ombrageux et irrésolu ne se démentit point en cette circonstance : il reçut les lettres, les brûla pour en détruire jusqu'à la moindre trace, mais les conserva toutes entières dans sa mémoire.

Vindex sentit que Galba voulait être poussé, il n'avait pas accepté l'alliance, mais il n'avait pas trahi celui qui la lui offrait : le silence était un consentement.

Le moment était favorable : deux fois par an les Gaulois se réunissaient en assemblée générale, la séance se tenait à Clermont, Vindex entra dans la chambre des délibérations.

Au milieu de la civilisation, du luxe et de la corruption romaine, Vindex était resté le Gaulois des anciens jours ; il joignait à la résolution froide et arrêtée des gens du Nord, la parole hardie et colorée des hommes du Midi.

— Vous délibérez sur les affaires de la Gaule, dit-il, vous cherchez autour de vous la cause de nos maux : la cause est à Rome, le coupable, c'est Œnobarbus ; c'est Œnobarbus qui les uns après les autres a anéanti tous nos droits, qui a réduit nos plus riches provinces à la misère, qui a vêtu nos plus nobles maisons de deuil ; et le voilà maintenant, parce qu'il est le dernier de sa race, parce que seul resté de la famille des Césars, il ne craint ni rival ni vengeurs, le voilà qui lâche la bride à ses fureurs comme il le fait à ses coursiers, et qu'il se laisse emporter à ses passions, écrasant la tête de Rome et les membres des provinces sous les roues de son char. Je l'ai vu, poursuivit-il, oui, je l'ai vu moi-même, cet athlète et ce chanteur impérial et couronné, ivre à la fois et indigne de la gloire d'un gladiateur et d'un histrion. Pourquoi donc le décorer des titres de César, de prince et d'Auguste, de ces titres qu'avaient mérité le divin Auguste par ses vertus, le divin Tibère par son génie, le divin Claude par ses bienfaits ; lui, cet infâme Œnobarbus, c'est Œdipe, c'est Oreste qu'il faut l'appeler, puisqu'il se fait gloire de porter les noms d'inceste et de parricide. Jadis nos ancêtres, guidés par le seul besoin du changement et par l'appât du gain, ont emporté Rome d'assaut. Cette fois c'est un motif plus noble et plus digne qui nous guidera sur la trace de nos ancêtres ; cette fois, dans le plateau de la balance, au lieu de l'épée de notre vieux Brenn, nous jetterons la liberté du monde, et cette fois ce ne sera pas le malheur, mais la félicité que nous apporterons aux vaincus.

Vindex était brave, on savait que les paroles qui sortaient de sa bouche n'étaient point de vaines paroles. Aussi, de grands cris, de vifs applaudissemens et de bruyantes acclamations accueillirent-ils son discours ; chaque chef de Gaulois tira son épée, jura sur elle d'être de retour dans un mois, avec une suite proportionnée à sa fortune et à son rang, et se retira dans sa ville. Cette fois le masque était arraché du visage, et le fourreau jeté loin de l'épée. Vindex écrivit une seconde fois à Galba.

Dès son arrivée en Espagne, Galba s'était fait une étude de la popularité. Jamais il ne s'était prêté aux violences des procurateurs, et, ne pouvant empêcher leurs exactions, il plaignait tout haut leurs victimes. Jamais il ne disait de mal de Néron, mais il laissait librement circuler des vers satyriques et des épigrammes outrageantes contre l'empereur. Tout ce qui l'entourait avait deviné ses projets, mais jamais il ne les avait confiés à personne. Le jour où il reçut le message de Vindex, il donna un grand dîner à ses amis, et le soir, après leur avoir annoncé la révolte des Gaules, il leur communiqua la dépêche, sans l'accompagner d'aucun commentaire, les laissant libres par son silence d'approuver ou de désapprouver l'offre qui lui était faite. Ses amis restaient muets et irrésolus de cette lecture ; mais l'un d'eux, nommé T. Venius, plus déterminé que les autres, se tourna de son côté, et, le regardant en face :

— Galba, lui dit-il, pourquoi délibérer pour chercher si nous serons fidèles à Néron, c'est déjà lui être infidèles ; il faut ou accepter l'amitié de Vindex, comme si Néron était déjà notre ennemi, ou l'accuser sur-le-champ, ou lui faire la guerre, et pourquoi ? Parce qu'il veut que les Romains vous aient pour empereur plutôt que Néron pour tyran.

— Nous nous rassemblerons si vous le voulez bien, répondit Galba, comme s'il n'avait point entendu la question, le cinq du mois prochain, à Carthage-la-Neuve, afin de donner la liberté à quelques esclaves. — Les amis de Galba accepteront le rendez-vous, et à tout hasard ils répandirent le bruit que cette convocation avait pour but de décider des destins de l'empire.

Au jour dit, tout ce que l'Espagne comptait d'illustre en étrangers et en indigènes était rassemblé au rendez-vous : chacun y venait dans un même but, animé d'un même désir, poursuivant une même vengeance. Galba monta sur son tribunal, et aussitôt, d'un élan unanime, toutes les voix le proclamèrent empereur.

XVII.

Voilà ce que contenaient les lettres que Néron avait reçues, et telles étaient les nouvelles qu'il avait apprises ; en même temps on lui dit que des proclamations de Vindex ont été distribuées, et que quelques-unes déjà sont parvenues à Rome ; bientôt une de ces proclamations tombe entre ses mains. Les titres d'incestueux, de parricide et de tyran, lui étaient prodigués, et cependant ce n'est point tout cela qui l'irrite et le blesse, il y est appelé Œnobarbus et traité de mauvais chanteur : ce sont des outrages dont il faut que le sénat le venge, et il écrit au sénat. Pour repousser le reproche d'inhabilité dans son art, venger le nom de ses aïeux, il fait promettre un million de sostercos à celui qui tuera Vindex, et retombe dans son insouciance et dans son apathie.

Pendant ce temps la révolte faisait des progrès en Espagne et dans les Gaules ; Galba s'était créé une garde de l'ordre équestre, et avait établi une espèce de sénat. Quant à Vindex, à celui qui lui avait appris que sa tête était à prix, il avait répondu qu'il la laisserait prendre à celui qui lui apporterait celle de Néron.

Mais parmi tous ces généraux, tous ces préfets, tous ces préteurs, dévots à la nouvelle fortune, un seul était resté fidèle, non par amour de Néron, mais parce que, voyant dans Vindex un étranger, et que, connaissant Galba pour un esprit faible et irrésolu, il craignit que Rome, si malheureuse qu'elle fût, n'eût encore à souffrir du changement : il marcha donc vers les Gaules avec ses légions, pour sauver à l'empire la honte d'obéir à un de ses anciens vainqueurs.

Les chefs Gaulois avaient tenu leurs sermens, commandant aux trois peuples les plus illustres et les plus puissans de la Gaule, les Séquanais, les Éduens et les Arverniens, ils s'étaient réunis autour de Vindex : à leur tour les Viennois étaient venus les rejoindre, mais ceux-là n'étaient pas unis comme les autres par l'amour de la patrie, ou le désir de leur liberté : ils venaient par haine des Lyonnais, qui étaient restés fidèles à Néron. Virginius, de son côté, avait autour de lui les légions de Germanie, les auxiliaires belges et la cavalerie batave ; les deux armées s'avancèrent au devant l'une de l'autre. Et ce dernier étant arrivé devant Besançon, qui tenait pour Galba, en forma le siège ; mais à peine les dispositions obsidionales étaient-elles prises, qu'une autre armée apparut à l'horizon : c'était celle de Vindex.

Les Gaulois continuèrent de s'avancer vers les Romains qui les attendaient, et, se trouvant bientôt à trois portées de trait de ceux-ci, ils s'arrêtèrent pour faire leurs dispositions de bataille ; mais en ce moment un héraut sortit des rangs de Vindex, et marcha vers Virginius : un quart-d'heure après, la garde des deux chefs s'avança entre les deux armées, une tente fut dressée : chacun se rangea du côté de son parti, Vindex et Virginius entrèrent dans cette tente.

Nul n'assista à cette entrevue, cependant l'avis des historiens est que Vindex ayant développé sa politique à son ennemi, et lui ayant donné la preuve qu'il agissait, non pas pour lui, mais pour Galba, Virginius, que cette révolution le bonheur de la patrie, se réunit à celui qu'il était venu combattre : les deux chefs allaient donc se séparer, mais pour se réunir bientôt et marcher de concert contre Rome, lorsque de grands cris se firent entendre à l'aile droite de l'armée. Une centurie étant sortie de Besançon pour communiquer avec les Gaulois, et ces derniers ayant fait un mouvement pour la joindre, les soldats de Virginius se crurent attaqués, et n'écoutant qu'un premier mouvement, marchèrent eux-mêmes au devant d'eux : c'était là la cause des cris que les deux chefs avaient entendus ; ils se précipitèrent chacun de son côté, suppliant leurs soldats de s'arrêter : mais leurs prières furent couvertes par les clameurs que poussaient les Gaulois, en appuyant leurs boucliers à leurs lèvres ; leurs signes furent pris pour des gestes d'encouragement : un de ces vertiges étranges qui prennent parfois une armée, comme un homme, s'était emparé de toute cette multitude : et alors on vit un spectacle atroce, les soldats sans ordre de chef, sans place de bataille, poussés par un instinct de mort, soutenus par cette vieille haine des vaincus contre les vainqueurs, et des peuples conquérans contre les peuples conquis, se ruèrent l'un sur l'autre, se prirent corps à corps, comme des lions et des tigres dans un cirque. En deux heures de ce combat, les Gaulois avaient perdu vingt mille hommes, et les légions germaines et bataves seize mille : c'était le temps physique qu'il avait fallu pour tuer. Enfin les Gaulois reculèrent ; mais la nuit étant venue, les deux armées restèrent en présence : cependant cette première défaite avait abattu le courage des rebelles ; ils profitèrent de la nuit pour se retirer : sur l'emplacement où les légions germaines croyaient les retrouver le lendemain matin, il ne restait plus qu'une tente, et sous cette tente le corps de Vindex, qui, désespéré que le hasard eût fait perdre à la liberté de si hautes espérances, s'était jeté sous son épée, qu'il croyait inutile, et s'était traversé le cœur. Les premiers qui entrèrent sous sa tente frappèrent le cadavre, et dirent qu'ils l'avaient tué ; mais au moment de la distribution de la récompense que Virginius leur avait accordée pour cette action, l'un d'eux ayant eu à se plaindre du partage dénonça tout, et l'on sut la vérité.

Vers le même temps, des événemens non moins favorables à l'empereur se passaient en Espagne ; un des escadrons qui s'étaient révoltés, se repentant d'avoir rompu le serment de fidélité, avait voulu abandonner la cause de Galba, et n'était qu'à grand'peine rentré sous ses ordres, de sorte que celui-ci, le jour même où Vindex s'était tué, avait manqué d'être assassiné dans une rue étroite, et en se rendant au bain, par des esclaves que lui avait autrefois donnés un affranchi de Néron. Il était donc encore tout ému du double danger lorsqu'il apprit la défaite des Gaulois et la mort de Vindex : alors il crut tout perdu, et, au lieu de s'en remettre à la fortune audacieuse, il écouta les conseils de son caractère timide, et se retira à Clunie, ville fortifiée dont il s'occupa aussitôt d'augmenter encore la défense : mais presque aussitôt des présages auxquels il n'y avait point à se tromper vinrent rendre à Galba le courage perdu. Au premier coup de pioche qu'il donna pour tracer une nouvelle ligne autour de la ville, un soldat trouva un anneau d'un travail antique et précieux, dont la pierre représentait une victoire et un trophée. Ce premier retour du destin lui donna un sommeil plus calme qu'il ne l'espérait, et pendant ce sommeil, il vit en songe une petite statue de la Fortune, haute d'une coudée, et à laquelle il rendait un culte particulier dans sa villa de Foudi, lui ayant voué un sacrifice par mois et une veille annuelle. Elle sembla ouvrir sa porte, et lui dit que, fatiguée d'attendre au seuil, elle suivrait enfin un autre, s'il ne se pressait de la recevoir. Puis, comme il se leva ébranlé par ces deux augures, on lui annonça qu'un vaisseau chargé d'armes, sans passagers, matelots ni pilotes, venait d'aborder à Dertosa, ville située sur l'Ebre, dès-lors il considéra sa cause comme juste et gagnée, car il était visible qu'elle plaisait aux dieux.

Quant à Néron, il avait d'abord regardé ces nouvelles comme de peu d'importance, et s'en était même réjoui, car il voyait sous le prétexte du droit de guerre un moyen de lever un nouvel impôt : il s'était donc contenté comme nous l'avons dit d'envoyer au sénat les proclamations de Vindex, en demandant justice de l'homme qui le traitait de mauvais joueur de cythare. Puis il avait pour le soir convoqué chez lui les principaux citoyens. Ceux-ci s'étaient empressés de s'y rendre, pensant que cette réunion avait pour but de tenir conseil ; mais Néron se contenta de leur montrer un à un, et en discourant sur l'emploi et le mérite de chaque pièce, des instrumens de musique hydraulique d'une nouvelle espèce, et tout ce qu'il dit de la révolte gauloise fut qu'il ferait porter tous ces instrumens au théâtre, si Vindex ne l'en empêchait.

Le lendemain, de nouvelles lettres étant arrivées, qui annonçaient que le nombre des Gaulois révoltés s'élevait à cent mille, Néron pensa qu'il fallait enfin faire quelques préparatifs de guerre. Alors il les commanda étranges et insensés. Il fit amener des voitures au théâtre et au palais, les fit charger d'instrumens de musique au lieu d'instrumens de guerre, cita les tribus urbaines pour recevoir les sermens militaires ; mais, voyant qu'aucun de ceux en état de porter les armes ne répondait, il exigea des maîtres un certain nombre d'esclaves, et alla lui-même dans les maisons choisir les plus forts et les plus robustes, prenant jusqu'aux économes et aux secrétaires : enfin il rassembla quatre cents courtisanes, auxquelles il fit couper les cheveux ; il les arma de la hache et du bouclier des amazones, et les destina à remplacer près de lui la garde césarienne. Puis, sortant de la salle à manger, après son dîner, appuyé sur les épaules de Sporus et de Phaon, il dit à ceux qui attendaient pour le voir, et qui paraissaient inquiets, qu'ils se rassurassent, attendu que dès qu'il aurait touché le sol de la province, ne se serait montré sans armes aux yeux des Gaulois, il n'aurait besoin que de verser quelques larmes, qu'aussitôt les séditieux se repentiraient, et que dès le lendemain on le verrait oyeux parmi les joyeux entonner une hymne de victoire, qu'il allait composer sur le champ.

Quelques jours après, un nouveau courrier arriva des Gaules : celui-ci au moins apportait des nouvelles favorables : c'était la rencontre des légions romaines et des Gaulois, la défaite des rebelles et la mort de Vindex. Néron jeta de grands cris de joie, courant comme un fou dans les appartemens et dans les jardins de la maison dorée, ordonnant des fêtes et des réjouissances, annonçant qu'il chanterait le soir au théâtre, et faisant inviter les principaux de la ville à un grand souper pour le lendemain.

Effectivement, le soir Néron se rendit au Gymnase, mais une étrange fermentation régnait dans Rome : en passant devant l'une de ses statues, il vit qu'on l'avait couverte d'un sac. Or, c'était dans un sac que l'on enfermait les parricides, puis on les jetait dans le Tibre avec un singe, un chat et une vipère. Un peu plus loin une colonne portait ces mots écrits sur sa base : Néron a tant chanté, qu'il a réveillé les coqs (1). Un riche patricien propriétaire qui se trouvait sur la route de l'empereur, se disputait ou feignait de se disputer si haut avec ses esclaves, que Néron s'informa de ce qui se passait ; on vint alors lui dire que les esclaves de cet homme méritaient une correction, il réclamait un Vindex. (2).

Le spectacle commença par une atellane où jouait l'acteur Eatus ; le rôle dont il était chargé commençait par ces mots : Salut à mon père, salut à ma mère. Au moment de les prononcer, il se tourna vers Néron, et imita, en disant salut à mon père, l'action de boire, et en disant salut à ma mère, l'action de nager. Cette sortie fut accueillie par d'unanimes applaudissemens, car chacun y avait reconnu une allusion à la mort de Claude et à celle d'Agrippine ; quant à Néron, il se mit à rire et applaudit comme les autres, soit qu'il fut insensible à toute espèce de honte, soit de crainte que la vue de sa colère n'excitât davantage la raillerie, ou n'indisposât le public contre lui-même.

Lorsque son tour fut arrivé, il quitta sa loge et entra sur le théâtre ; pendant le temps qu'il s'habillait pour paraître, une étrange nouvelle se répandit dans la salle et circula parmi les spectateurs. Les lauriers de Livie étaient séchés, et toutes les poules étaient mortes. Voici comment ces lauriers avaient été plantés et comment les poules étaient devenues sacrées :

Dans le temps où Livie Drusille, qui par son mariage avec Octave reçut le nom d'Augusta, était promise à César, un jour qu'elle était assise dans sa villa de Voïes, un aigle du haut des airs laissa tomber sur ses genoux une poule blanche, qui non seulement était sans blessure, mais ne paraissait même pas effrayée. Livie, étonnée, regardait et caressait l'oiseau, lorsqu'elle s'aperçut que la poule tenait au bec une branche de laurier. Alors elle consulta les aruspices, qui ordonnèrent de planter le laurier pour en obtenir des rejetons, et de nourrir la poule pour en avoir de la race. Livie obéit. Une maison de plaisance des Césars, située sur la voie Flaminia, près du Tibre, à neuf milles de Rome, fut choisie pour cette expérience, qui réussit au-delà de tout espoir. Il naquit une si grande quantité de poussins, que la terre prit le nom d'*ad Gallinas*, et il poussa de si nombreux rejetons que le laurier fut bientôt le centre d'une forêt. Or, la forêt était desséchée jusqu'à ses racines, et tous les poussins étaient morts jusqu'au dernier.

Alors l'empereur parut sur le théâtre, mais il eut beau s'avancer humblement vers l'orchestre selon son habitude, et adresser une respectueuse allocution aux spectateurs, en leur disant qu'il ferait tout ce qu'il pourrait faire, mais que l'événement dépendait de la fortune, pas un applaudissement ne se fit entendre pour le soutenir. Il n'en commença pas moins, mais intimidé et tremblant. Tout son rôle fut écouté au milieu du silence et sans un seul encouragement ; puis, arrivé à ce vers :

Ma femme, ma mère et mon père demandent ma mort !

pour la première fois les applaudissemens et les cris éclatèrent ; mais cette fois il n'y avait pas à se tromper à leur expression. Néron en comprit le vrai sens, et quitta rapide-

(1) *Galli*, qui veut dire *coqs* et *Gaulois*.
(2) Vengeur. Tous ces calembourgs, assez obscurs pour nous, devaient être fort compréhensibles pour Néron.

ment le théâtre ; mais en descendant l'escalier ses pieds s'embarrassèrent dans sa robe trop longue, de sorte qu'il tomba et se blessa au visage : on le ramassa évanoui.

Rentré au palatin et revenu à lui, il s'enferma dans son cabinet, plein de terreur et de colère. Alors il tira ses tablettes, et y traça des projets étranges qui n'avaient besoin que d'une signature pour devenir des ordres mortels. Ces projets étaient d'abandonner les Gaules au pillage des armées, d'empoisonner tout le sénat en l'invitant à un festin, de brûler la ville, et de lâcher en même temps toutes les bêtes féroces, afin que ce peuple ingrat qui ne l'avait applaudi que pour lui présager sa mort ne pût pas se défendre des ravages du feu ; puis, rassuré sur sa puissance par la conviction du mal qu'il pouvait faire encore, il se jeta sur son lit, et comme les dieux voulaient lui envoyer de nouveaux présages, ils permirent qu'il s'endormît.

Alors, lui qui ne rêvait jamais rêva qu'il était perdu pendant une tempête sur une mer furieuse, et qu'on lui arrachait des mains le gouvernail du navire qu'il dirigeait ; puis, par une de ces transitions incohérentes, il se trouva tout à coup près du théâtre de Pompée, et les quatorze statues exécutées par Coponius et représentant les nations descendirent de leurs bases, et, tandis que celle qui se trouvait devant lui barrait le passage, les autres formaient un cercle et se rapprochaient graduellement jusqu'à ce qu'il se trouvât enfermé entre leurs bras de marbre. A grand peine il avait échappé à ces fantômes de pierre, et courait, pâle, haletant et sans voix, dans le Champ-de-Mars, lorsqu'en passant devant le mausolée d'Auguste, les portes du tombeau s'ouvrirent d'elles-mêmes, et une voix en sortit qui l'appela trois fois. Ce dernier songe brisa son sommeil, et il se réveilla tremblant, les cheveux hérissés et le front ruisselant de sueur. Alors il appela, donna l'ordre qu'on lui amenât Sporus, et le jeune homme demeura dans sa chambre le reste de la nuit.

Avec le jour l'excès des terreurs nocturnes s'évanouit ; mais il lui resta une crainte vague qui le faisait tressaillir à chaque instant. Alors il fit conduire devant lui le courrier qui avait apporté la dépêche qui annonçait la mort de Vindex. C'était un cavalier barbare qui était venu de la Germanie avec Virginius, et avait assisté à la bataille. Néron lui fit répéter plusieurs fois tous les détails du combat, et surtout ceux de la mort de Vindex ; enfin il ne fut tranquille que lorsque le soldat lui jura par Jupiter qu'il avait vu de ses yeux le cadavre percé de coups, et prêt pour la tombe. Alors il lui fit compter une somme de cent mille sesterces, et lui fit don de son propre anneau d'or.

L'heure du dîner arriva : les convives impériaux se rassemblèrent au Palatin ; avant le repas, Néron, comme d'habitude, les fit passer dans la salle de bain, et en sortant du bain des esclaves leur offrirent des toges blanches et des couronnes de fleurs. Néron les attendait dans le triclinium, vêtu de blanc comme eux, et la tête couronnée, et l'on se coucha sur les lits au son d'une musique délicieuse.

Ce dîner était servi non seulement avec toute la recherche, mais encore avec tout le luxe des repas romains : chaque convive avait un esclave couché à ses pieds pour prévenir ses moindres caprices, un parasite mangeait à une petite table isolée et qui lui était entièrement abandonnée comme une victime, tandis qu'au fond sur une espèce de théâtre, des danseuses gaditanes semblaient, par leur grâce et leur légèreté, ces divinités printanières qui accompagnent au mois de mai Flore et Zéphyre visitant leur royaume.

A mesure que ce dîner s'avança et que les convives s'échauffèrent, le spectacle changea de caractère, et de voluptueux devint lascif. Enfin, des funambules succédèrent aux danseuses, et alors commencèrent ces jeux inouïs que la régence renouvela, dit-on, et qui avait été inventés pour réveiller les sens alanguis du vieux Tibère. En même temps Néron prit une cithare, et se mit à réciter ces vers où Vindex était comblé de ridicule ; il accompagnait ces chants de gestes bouffons ; et gestes et chants étaient frénétiquement applaudis des convives, lorsqu'un nouveau messager arriva, porteur de lettres d'Espagne. Ces lettres annonçaient à la fois et la révolte et la proclamation de Galba.

Néron relut plusieurs fois ces lettres, pâlissant davantage à chaque fois ; alors saisissant deux vases qu'il aimait beaucoup, et qu'il appelait homériques parce que leurs sujets représentaient des poëmes tirés de l'Iliade, il les brisa comme s'ils eussent été de quelque matière commune ; puis aussitôt, se laissant tomber, il déchira ses vêtemens, se frappa violemment la tête contre les lits du festin, disant qu'il souffrait des malheurs inouïs et inconnus puisqu'il perdait l'empire de son vivant ; à ces cris sa nourrice Euglogé entra, le prit entre ses bras comme un enfant, et tâcha de le consoler ; mais, comme un enfant, sa douleur s'augmenta des consolations qu'on lui donnait ; bientôt la colère lui succéda. Il se fit apporter un roseau et du papyrus pour écrire au chef des prétoriens ; puis, lorsque l'ordre fut signé, il chercha sa bague pour le cacheter ; mais, comme nous l'avons déjà dit, il l'avait donnée le matin même au cavalier batave; il demanda alors ce sceau à Sporus qui lui présenta le sien ; il l'appuya sur la cire sans le regarder, mais en le levant il s'aperçut que cet anneau représentait la descente de Proserpine aux enfers. Ce dernier présage, et dans un tel moment, lui parut le plus terrible de tous, et soit qu'il pensât que Sporus lui eût présenté cette bague avec intention, soit que dans la folie qui le possédait il ne reconnût pas ses amis les plus chers, lorsque Sporus s'approcha de lui pour s'informer de la cause de ce nouvel accès, il le frappa du poing au milieu du visage, et le jeune homme ensanglanté et évanoui alla rouler au milieu des débris du repas.

Aussitôt l'empereur, sans prendre congé de ses convives, remonta dans sa chambre, et ordonna qu'on lui fît venir Locuste.

XVIII.

Cette fois c'était pour lui-même que l'empereur en appelait à la science de sa vieille amie. Ils passèrent ensemble la nuit entière, et devant lui la magicienne composa un poison subtil, qu'elle avait combiné trois jours auparavant, et dont elle avait fait l'essai la veille. Néron le renferma dans une boîte d'or, et le cacha dans un meuble que lui avait donné Sporus, et dont il n'y avait que lui et l'eunuque qui connussent le secret.

Cependant le bruit de la révolte de Galba s'était répandu avec une rapidité effroyable. Cette fois ce n'était plus une menace lointaine, une entreprise désespérée comme celle de Vindex. C'était l'attaque puissante et directe d'un patricien dont la race, toujours populaire à Rome, était à la fois illustre et ancienne, et qui prenait sur ses statues le titre de petit fils de Quintus Catulus Capitolinus ; c'est-à-dire du magistrat qui avait passé pour le premier de son temps par son courage et sa vertu.

A ces bonnes dispositions pour Galba se joignaient de nouveaux griefs contre Néron ; préoccupé de ses jeux et de ses courses et de ses chants, les ordres ordinaires qu'il devait donner en sa qualité de préfet de l'annone, avaient été négligés, de sorte que la flotte, qui devait apporter le blé de Sicile et d'Alexandrie, était partie seulement à l'époque où elle aurait dû revenir ; il en résultait qu'en peu de jours la cherté du grain était devenue excessive, puisque la famine lui avait succédé, et que Rome, mourante de faim comme un seul homme, et les yeux tournés vers le midi, courait tout entière aux bords du Tibre à chaque vaisseau qui remontait du port d'Ostie; or, le matin du jour où Néron avait passé la nuit avec Locuste, et le lendemain de celui où les nouvelles de la révolte de Galba étaient arrivées, le peuple mécontent et affamé était rassemblé au Forum, lorsque l'on signala un bâtiment. Tout le monde courut au port Œlius, croyant ce bâtiment l'avant-garde de la flotte nourricière, et chacun se précipita à bord avec des cris de joie. Le bâtiment rapportait du sable d'Alexandrie pour les lutteurs de la cour ; les murmures et les imprécations éclatèrent hautement.

Parmi les mécontens, un homme se faisait remarquer : c'était un affranchi de Galba, nommé Icelus. La veille au soir il avait été arrêté; mais, pendant la nuit, une centaine d'hommes armés s'étaient portés à la prison, et l'avaient délivré. Il reparaissait donc au milieu du peuple, fort de sa persécution momentanée, et, profitant de cet avantage, il appelait les assistans à une révolte ouverte ; mais ceux-ci balançaient encore, par ce reste d'obéissance à ce qui existe, dont on ne se rend pas compte, mais que les esprits vulgaires brisent si difficilement; lorsqu'un jeune homme, le visage caché sous son pallium, passa près de lui, et lui tendit le feuillet déchiré d'une tablette. Icelus prit la plaque d'ivoire enduite de cire qu'on lui présentait, et vit avec joie que le hasard venait à son secours, en lui livrant une preuve contre Néron : cette tablette contenait le projet qu'avait arrêté l'empereur pendant la nuit qu'il avait passée avec Sporus, de brûler une seconde fois cette Rome qui se laissait applaudir à ses chants, et de lâcher les bêtes féroces pendant l'incendie, afin que les Romains ne pussent pas éteindre le feu. Icelus lut à haute voix les lignes écrites sur la tablette, et cependant on hésitait à le croire, tant une pareille vengeance paraissait insensée. Quelques personnes même criaient que sans doute l'ordre que venait de lire Icelus était un ordre supposé, lorsque Nymphidius Sabinus prit la tablette des mains de l'affranchi, et déclara qu'il reconnaissait parfaitement, non seulement l'écriture de l'empereur, mais encore sa manière de raturer, d'effacer et d'intercaler. A ceci, il n'y avait rien à répondre, Nymphidius Sabinus, comme préfet du prétoire, ayant eu souvent l'occasion de recevoir des lettres autographes de Néron.

En ce moment plusieurs sénateurs passèrent en désordre et sans manteau ; ils se rendaient au Capitole où ils étaient convoqués ; le chef du sénat ayant vu le matin même une tablette pareille à celle que l'inconnu avait remise à Icelus, et sur laquelle était écrit le projet détaillé d'inviter tous les sénateurs à un grand repas et de les empoisonner tous ensemble et d'un seul coup, le peuple se mit à leur suite, et revint inonder le Forum, nombreux et pressé comme des vagues, et semblable à un flux qui recouvre le port ; puis, en attendant ce que le sénat allait décider, il s'attaqua aux statues de Néron, n'osant encore s'en prendre à lui-même. Du haut de la terrasse du Palatin l'empereur vit les outrages auxquels ses effigies étaient soumises ; alors il s'habilla de noir pour descendre vers le peuple et se présenter à lui en suppliant ; mais au moment où il allait sortir, les cris de la foule avaient pris une telle expression de menace et de rage, qu'il rentra précipitamment, se fit ouvrir une porte de derrière, et se sauva dans les jardins de Servilius. Une fois à l'abri dans cette retraite que personne que ses confidens les plus intimes ne savait avoir été choisie par lui, il envoya Phaon au chef des prétoriens.

Mais l'agent de Galba avait précédé au camp l'agent de César. Nymphidius Sabinus venait de promettre au nom du nouvel empereur sept mille cinq cents drachmes par tête, et à chaque soldat des armées qui seraient dans les provinces douze cent cinquante drachmes : le chef des prétoriens répondit donc à Phaon que tout ce qu'il pouvait faire, c'était de donner pour la même somme la préférence à Néron. Phaon rapporta cette réponse à l'empereur ; mais la somme demandée s'élevait à deux cent quatre-vingt-cinq millions cent soixante-deux mille trois cents francs de notre monnaie, et le trésor était épuisé par des prodigalités insensées, de sorte que l'empereur ne possédait pas la vingtième partie de cette somme. Cependant Néron ne désespérait point : la nuit approchait, et, avec l'aide de ses anciens amis, dont, grâce aux ténèbres, il pouvait aller implorer l'assistance sans être vu, il parviendrait peut-être à rassembler cette somme.

La nuit s'abaissa sur la ville pleine de tumulte et de

lueurs : partout où il y avait un forum, une place, un carrefour, il y avait des groupes éclairés par des torches. Au milieu de toute cette foule animée de tant de sentimens divers, les nouvelles les plus étranges et les plus contradictoires circulaient comme si un aigle les secouait de ses ailes, et toutes obtenaient créance, si insensées et si incohérentes qu'elles fussent. Alors il s'élevait dans les airs des clartés et des rumeurs qu'on eût prises de loin pour des éruptions de volcans et des rugissemens de bêtes féroces. Au milieu de tout ce tumulte, les prétoriens quittèrent leurs casernes et allèrent camper hors de Rome ; partout où ils passèrent le silence se rétablit, car on ne savait encore pour qui ils étaient ; mais à peine la foule les avait-elle perdus de vue qu'elle se remettait à secouer ses torches et à hurler, désordonnée et menaçante.

Cependant, malgré l'agitation de la ville, Néron se hasarda à descendre, déguisé sous les habits d'un homme du peuple, des jardins de Servilius, où, comme nous l'avons dit, il s'était retiré pendant toute la journée. Cette démarche hasardée lui était inspirée par l'espoir de trouver une aide, sinon dans les bras, du moins dans la bourse de ses anciens compagnons de débauche ; mais il eut beau se traîner de maison en maison, s'agenouiller en suppliant à toutes les portes et implorer comme un mendiant cette aumône qui seule pouvait racheter sa vie ; mais il eut beau appeler et gémir, les cœurs restèrent insensibles et les portes fermées. Alors, comme cette multitude lassée des délais du sénat commençait à se faire entendre, Néron comprit qu'il n'y avait pas un instant à perdre. Au lieu de retourner aux jardins de Servilius, il se dirigea vers le Palatin pour y prendre de l'or et quelques bijoux précieux. Arrivé à la fontaine Jupiter, il se glissa derrière le temple de Vesta, parvint jusqu'à l'ombre que projetaient les murs du palais de Tibère et de Caligula ; gagna la porte qui s'était ouverte pour son arrivée de Corinthe, traversa ces jardins magnifiques qu'il allait être forcé d'abandonner pour les grèves désertes de la proscription, puis, rentrant dans la maison dorée, il gagna sa chambre par des corridors secrets et obscurs : en y entrant il jeta un cri de surprise.

Pendant son absence, les gardes du Palatin avaient pris la fuite, emportant avec eux tout ce qui s'était trouvé à leur portée : couvertures attaliques, vases d'argent, meubles précieux. Néron courut à un petit coffre où il avait renfermé le poison de Locuste, et ouvrit le tiroir ; mais la boîte d'or avait disparu, et avec elle la dernière ressource contre la honte d'une mort publique et infâme. Alors se sentant faible contre le danger, délaissé ou trahi par tout le monde, celui qui la veille encore était le maître de la terre, se jeta la face contre le plancher, et se roula, appelant à son aide avec des cris insensés. Trois personnes accoururent : c'étaient Sporus, Épaphrodite, son secrétaire, et Phaon, son affranchi. A leur vue Néron se releva sur un genou et les regarda avec anxiété ; puis, voyant à leurs visages tristes et abattus qu'il n'y avait plus d'espoir, il ordonna à Épaphrodite d'aller chercher le gladiateur Spiculus, ou tout autre qui voulût le tuer. Puis il commanda à Sporus et à Phaon qui restaient avec lui, d'entonner les lamentations que les femmes louées pour pleurer chantaient en accompagnant les funérailles ; ils n'avaient pas fini, qu'Épaphrodite rentra. Ni Spiculus, ni personne, n'avait voulu venir. Alors Néron, qui avait rassemblé toutes ses forces, voyant que ce dernier moyen de mourir d'une mort prompte lui échappait, laissa tomber les bras en s'écriant : Hélas ! hélas !... je n'ai donc ni ami ni ennemi ; puis il voulut sortir du Palatin, courir vers le Tibre et s'y précipiter. Mais Phaon l'arrêta en lui offrant sa maison de campagne, située à quatre milles à peu près de Rome, entre les voies Salaria et Nomentane. Néron, se rattachant à cette dernière espérance, accepte. Cinq chevaux sont préparés ; Néron monte sur l'un d'eux, se voile le visage, et, suivi de Sporus, qui ne le quitte pas plus que son ombre, tandis que Phaon reste au Palatin pour lui faire parvenir des nouvelles, il traverse la ville tout entière, sort par la porte Nomentane, et suit la voie sur laquelle nous l'avons retrouvé, au moment où le salut du soldat qui l'avait reconnu avait mis le comble à sa terreur.

Cependant la petite troupe était arrivée à la hauteur de la villa de Phaon, située où est aujourd'hui la Serpentara. Cette campagne, cachée derrière le mont Sacré, pouvait offrir à Néron une retraite momentanée, assez isolée pour qu'il eût au moins le temps de se décider à mourir, si toute chance de salut lui échappait. Epaphrodite, qui connaissait le chemin, prit alors la tête de la cavalcade, et, se jetant à gauche, s'engagea dans la traverse ; Néron le suivit, puis les deux affranchis et Sporus formèrent l'arrière-garde. Arrivés à moitié chemin, ils entendirent quelque bruit sur la route, quoiqu'ils ne pussent voir quelles étaient les personnes qui le causaient : cette obscurité les servit eux-mêmes. Néron et Epaphrodite se jetèrent dans la campagne, tandis que Sporus et les deux affranchis continuèrent de côtoyer le mont Sacré. Ce bruit était causé par une patrouille de nuit envoyée à la recherche de l'empereur, et commandée par un centurion. — Elle arrêta les trois voyageurs ; mais, ne reconnaissant pas Néron parmi eux, le centurion les laissa continuer leur route, après avoir échangé quelques mots avec Sporus.

Cependant l'empereur et Epaphrodite avaient été forcés de mettre pied à terre, tant la plaine était semée de roches et de terrains éboulés par la dernière commotion qu'y s'était fait sentir au moment où la petite troupe avait quitté Rome. Ils s'avancèrent alors au travers des joncs et des épines, qui mettaient en sang les pieds nus de Néron, et déchiraient son manteau. Enfin ils aperçurent une masse noire dans l'ombre. Un chien de garde aboya, les suivant le long du mur intérieur, tandis qu'eux côtoyaient la paroi extérieure. Enfin ils arrivèrent à l'entrée d'une carrière attenante à la villa, et dont Phaon avait fait tirer du sable. L'ouverture en était basse et étroite. Néron, pressé par la peur, se mit à plat ventre, et se glissa dans l'intérieur. Alors, de l'entrée, Epaphrodite lui dit qu'il allait faire le tour des murs, pénétrer dans la villa, et s'informer si l'empereur pouvait l'y suivre sans danger. Mais à peine Epaphrodite fut-il éloigné, que Néron, se trouvant seul dans cette carrière, fut saisi d'une terreur extrême ; il lui semblait être dans un sépulcre dont la porte aurait été fermée sur lui tout vivant ; il se hâta donc d'en sortir afin de revoir le ciel et de respirer l'air. Arrivé au bord, il aperçut, à quelques pas de lui une mare. Quoique l'eau en fût stagnante, il avait une soif telle qu'il ne put résister à l'envie d'en boire. Alors, mettant son manteau sous ses pieds pour se garantir quelque peu des cailloux et des ronces, il se traîna jusqu'à cette eau, en puisa quelques gouttes dans le creux de sa main, puis, regardant le ciel, et d'un ton de reproche :
— Voilà donc, dit-il, le dernier rafraîchissement de Néron.

Il était depuis quelques instans assis morne et pensif au bord de cette mare, occupé d'arracher les épines et les ronces qui étaient restées dans son manteau, lorsqu'il s'entendit appeler. Cette voix rompant le silence de la nuit, bien qu'elle eût une expression bienveillante, le fit tressaillir : il se retourna et aperçut à l'entrée de la carrière Epaphrodite, une torche à la main. Son secrétaire lui avait tenu parole, et, après être entré par la porte principale de la villa, et avoir indiqué aux affranchis la place où ils attendait l'empereur, ils avaient d'un commun effort percé un vieux mur, et préparé une ouverture qui lui permettrait de passer de la carrière dans la villa. Néron s'empressa de suivre son guide avec tant de hâte qu'il oublia son manteau au bord de la mare. Alors il rentra dans la caverne, et de la caverne dans une petite chambre d'esclave n'ayant pour tous meubles qu'un matelas et une vieille couverture, et éclairée par une mauvaise lampe de terre, qui faisait dans ce bouge sépulcral et infect plus de fumée que de lumière.

Néron s'assit sur le matelas, le dos appuyé au mur ; il avait faim et soif. Il demanda à boire et à manger. On lui apporta un peu de pain bis et un verre d'eau. Mais après avoir goûté le pain, il le jeta loin de lui : puis il rendit l'eau en demandant qu'on le lui fît tiédir. Resté seul, il laissa tomber sa tête sur ses genoux, et demeura quelques instans immobile et muet comme une statue de la Douleur : bientôt la porte s'ouvrit. Croyant que c'était l'eau qu'on lui rapportait, Néron releva la tête, et vit devant lui Sporus, tenant une lettre à la main.

Il y avait sur la figure pâle de l'eunuque, habituée à exprimer l'abattement ou la tristesse, une expression si étrange de joie cruelle, que Néron le regarda un instant, ne reconnaissant plus l'esclave docile de tous ses caprices dans le jeune homme qui s'approchait de lui. Arrivé à deux pas du lit, il tendit les bras et lui présenta le parchemin. Néron, quoiqu'il ne comprît rien au sourire de Sporus, se douta qu'il contenait quelque fatale nouvelle.

— De qui est cette lettre? dit-il sans faire aucun mouvement pour la prendre.

— De Phaon, répondit le jeune homme.

— Et qu'annonce-t-elle? continua Néron en pâlissant.

— Que le sénat t'a déclaré ennemi de l'Etat, et qu'on te cherche pour te conduire au supplice.

— Au supplice! s'écria Néron en se soutenant sur un genou, au supplice! moi! moi, Claudius César!...

— Tu n'es plus Claudius César, répondit froidement l'eunuque; tu es Domitius Œnobarbus, voilà tout, déclaré traître à la patrie et condamné à mort!

— Et quel est le supplice des traîtres à la patrie? dit Néron.

— On les dépouille de leurs vêtemens, on leur serre le cou entre les branches d'une fourche, on les promène aux forums, aux marchés et au Champ-de-Mars, puis on les frappe de verges jusqu'à ce qu'ils meurent.

— Oh! s'écria Néron en se dressant tout debout, je puis fuir encore, j'ai moyens de fuir, je puis gagner la forêt de Larice et les marais de Minturnes; quelque vaisseau me recueillera, et je me cacherai en Sicile ou en Egypte.

— Fuir! dit Sporus, toujours pâle et froid comme un simulacre de marbre, fuir, et par où?

— Par ici, s'écria Néron ouvrant la porte de la chambre et s'élançant vers la carrière ; puisque je suis entré je puis sortir.

— Oui, mais depuis que tu es entré, dit Sporus, l'ouverture est rebouchée, et, si bon athlète que tu sois, je doute que tu puisses repousser seul le rocher qui la ferme.

— Par Jupiter! c'est vrai! s'écria Néron, épuisant vainement ses forces pour essayer de soulever la pierre. Qui a fermé cette caverne? qui a fait rouler ce rocher?

— Moi et les affranchis, répondit Sporus.

— Et pourquoi avez-vous fait cela? pourquoi m'avez-vous enfermé comme Cacus dans son antre?

— Pour que tu y meures comme lui, dit Sporus avec une expression de haine à laquelle on n'aurait jamais cru sa voix douce capable d'atteindre.

— Mourir! mourir! dit Néron, se frappant la tête comme une bête fauve enfermée et qui cherche une issue; mourir! Tout le monde veut donc que je meure? tout le monde m'abandonne donc?

— Oui, répondit Sporus, tout le monde veut que tu meures, mais tout le monde ne t'abandonne pas, puisque me voilà, puisque je viens mourir avec toi.

— Oui, oui, murmura Néron, se laissant de nouveau tomber sur le matelas; oui, c'est de la fidélité.

— Tu te trompes, César, dit Sporus, croisant les bras et regardant Néron qui mordait les coussins de son lit, tu te trompes, ce n'est pas de la fidélité, c'est mieux que cela, c'est de la vengeance.

— De la vengeance! s'écria Néron, se retournant vivement, de la vengeance! Et que t'ai-je donc fait, Sporus!

— Jupiter! il le demande! dit l'eunuque levant les deux bras au ciel; ce que tu m'as fait!...

— Oui, oui... murmura Néron effrayé et se reculant contre le mur.

— Ce que tu m'as fait? répondit Sporus avançant d'un pas vers lui et laissant retomber ses mains comme si les forces lui eussent manqué; d'un enfant qui était né pour devenir un homme, pour avoir sa part des sentimens de la terre et des joies du ciel, tu as fait un pauvre être qui n'appartenait plus à rien, qui n'avait plus de droit à rien, qui n'avait plus d'espoir en rien. Tous les plaisirs et tous les bonheurs, je les ai vu passer devant moi, comme Tantale voit les fruits et l'eau sans pouvoir les atteindre, enchaîné que j'étais à mon impuissance et à ma nullité ; et ce n'est pas tout, car si j'avais pu souffrir et pleurer sous des habits de deuil, en silence et dans la solitude, je te pardonnerais peut être ; mais il m'a fallu revêtir la pourpre comme les puissans, sourire comme les heureux, vivre au milieu du monde comme ceux qui existent, moi, pauvre fantôme, pauvre spectre, pauvre ombre.

— Mais que voulais-tu de plus, dit Néron tremblant ; j'ai partagé avec toi mon or, mes plaisirs et ma puissance ; tu as été de toutes mes fêtes, tu as eu comme moi des courtisans et des flatteurs, et, quand je n'ai plus su que te donner, je t'ai donné mon nom.

— Et voilà justement ce qui fait que je te hais, César. Si tu m'avais fait empoisonner comme Britannicus, si tu m'avais fait assassiner comme Agrippine, si tu m'avais fait ouvrir les veines comme à Sénèque, j'aurais pu te pardonner au moment de ma mort. Mais tu ne m'as traité ni comme un homme, ni comme une femme ; tu m'as traité comme un jouet frivole dont tu pouvais faire tout ce que bon te semblait ; comme une statue de marbre, aveugle, muette et sans cœur. Ces faveurs dont tu parles, c'étaient des humiliations dorées, et voilà tout ; et plus tu me couvrais de honte, et plus tu m'élevais au-dessus des têtes, chacun pouvait mesurer mon infamie. Et ce n'est pas tout : avant-hier, quand je t'ai donné cet anneau, quand tu pouvais me répondre par un coup de poignard, ce qui aurait fait croire au moins à tous ces hommes et à toutes ces femmes qui étaient là que je valais la peine d'être tué, tu m'as frappé du poing, comme un parasite, comme un esclave, comme un chien!...

— Oui, oui, dit Néron, oui, j'ai eu tort. Pardonne-moi, mon bon Sporus!

— Et cependant, continua Sporus, comme s'il n'avait pas entendu l'interruption de Néron, cet être sans nom, sans sexe, sans amis et sans cœur ; cet être, quel qu'il fût, s'il ne pouvait faire le bien, pouvait au moins faire le mal ; il pouvait, la nuit, entrer dans ta chambre, te voler tes tablettes qui condamnaient à mort le sénat et le peuple, et les éparpiller, comme l'eût fait un vent d'orage, sur le Forum ou au Capitole, de manière à ce que tu n'eusses plus de grâce à attendre ni du peuple ni du sénat. Il pouvait t'enlever la boîte où était renfermé le poison de Locuste, afin de te livrer seul, sans défense et sans armes, à ceux qui te cherchent pour te faire subir une mort infâme.

— Tu te trompes! s'écria Néron en tirant un poignard de dessous le coussin de son lit ; tu te trompes, il me reste ce fer.

— Oui, dit Sporus, mais tu n'oseras pas t'en servir ni contre les autres, ni contre toi. Et cet exemple sera donné au monde, grâce à un eunuque, d'un empereur expirant sous les verges et le fouet, après avoir été promené nu et la fourche au cou, par le forum et les marchés.

— Mais je suis bien caché ici, ils ne me trouveront pas, dit Néron.

— Oui, oui, il eût été possible que tu leur échappasses encore, si je n'eusse rencontré un centurion et si je ne lui eusse dit où tu étais. A cette heure il frappe à la porte de la villa ; César, il va venir, il vient...

— Oh! je ne l'attendrai pas, dit Néron, mettant la pointe du poignard sur son cœur ; je me frapperai... je me tuerai.

— Tu n'oseras pas, dit Sporus.

— Et cependant, murmura en grec Néron, comme cherchant avec la pointe de la lame une place où se tuer, mais hésitant toujours à enfoncer le fer, cependant cela ne sied pas à Néron de ne pas savoir mourir... Oui, oui, j'ai vécu honteusement et je meurs avec honte. O univers, univers, quel grand artiste tu vas perdre en me perdant... Tout à coup il s'arrêta, le coup tendu, les cheveux hérissés, le front couvert de sueur, écoutant un bruit nouveau qui venait de se faire entendre, et balbutia ce vers d'Homère ;

C'est le bruit des chevaux à la course rapide.

En ce moment, Epaphrodite se précipita dans la chambre. Néron ne s'était pas trompé, ce bruit était bien celui des cavaliers qui le poursuivaient, et qui, guidés par les renseignemens de Sporus, étaient venus droit à la villa. Il n'y avait donc pas un instant à perdre si l'empereur ne voulait pas tomber entre les mains de ses bourreaux. Alors Néron parut prendre une résolution décisive; il tira Epaphrodite à part, et lui fit jurer, par le Styx, de ne laisser sa tête au pouvoir de personne, et de brûler au plus tôt son corps tout entier; puis, tirant son poignard de sa ceinture où il l'avait remis, il en posa la pointe contre son cou. En ce moment le bruit se fit entendre plus rapproché, des voix retentirent avec un accent de menace. Epaphrodite vit que l'heure suprême était venue; il saisit la main de Néron, et, appuyant le poignard contre sa gorge, il y enfonça la lame tout entière; puis, suivi de Sporus, il se précipita dans la carrière, refermant la porte de la chambre derrière eux.

Néron poussa un cri terrible en arrachant et en jetant loin de lui l'arme mortelle, chancela un instant les yeux fixes et la poitrine haletante, tomba sur un genou, puis sur l'autre essaya de se soutenir encore sur un bras, tandis que le sang jaillissait de sa gorge à travers les doigts de son autre main, avec laquelle il cherchait à fermer sa blessure; enfin il regarda une dernière fois autour de lui avec une expression de désespoir mortel, et, se voyant seul, il se laissa aller étendu sur la terre en poussant un gémissement. En ce moment la porte s'ouvrit, et le centurion parut. En voyant l'empereur sans mouvement, il s'élança vers lui, et voulut étancher le sang avec son manteau; mais Néron, rappelant un reste de force, le repoussa, puis : — Est-ce là la foi que vous m'aviez jurée, lui dit-il d'un ton de reproche, et il rendit le dernier soupir; seulement, chose étrange ! ses yeux restèrent fixes et ouverts.

Alors tout fut dit. Les soldats qui avaient accompagné le centurion entrèrent pour s'assurer que l'empereur avait cessé de vivre, et n'ayant plus de doute à cet égard, ils retournèrent à Rome pour y annoncer sa mort, de sorte que le cadavre de celui qui la veille encore était le maître du monde demeura seul étendu dans une boue sanglante, sans un esclave pour lui rendre le dernier devoir.

Un jour entier s'écoula ainsi; le soir une femme entra, pâle, lente et grave. Elle avait obtenu d'Icclus, cet affranchi de Galba que nous avons vu exciter le peuple, et qui était devenu tout-puissant à Rome où l'on attendait son maître, la permission de rendre le dernier devoir à Néron. Elle le déshabilla, lava le sang dont son corps était souillé, l'enveloppa d'un manteau blanc brodé d'or qu'il portait la dernière fois qu'elle l'avait vu, et qu'il lui avait donné, puis le ramena à Rome dans un chariot couvert qu'elle avait fait conduire avec elle. Là elle lui fit des funérailles modestes et qui ne dépassèrent pas celles d'un simple citoyen, puis elle déposa le cadavre dans le monument de Domitien, que du Champ-de-Mars on apercevait sur la colline des Jardins, et où d'avance Néron s'était fait préparer une tombe de porphyre surmontée d'un autel de marbre de Luna, et entourée d'une balustrade de marbre de Thasos.

Enfin ces derniers devoirs accomplis, elle resta un jour entier immobile et muette comme la statue de la Douleur, agenouillée et priant à la tête de cette tombe.

Puis, lorsque le soir fut venu, elle descendit lentement la colline des Jardins, reprit sans regarder derrière elle le chemin de la vallée Egérie, et rentra pour la dernière fois dans les Catacombes.

Quant à Epaphrodite et à Sporus, on les retrouva morts et couchés l'un près de l'autre dans la carrière. Entre eux était la boîte d'or : ils avaient partagé en frères, et le poison préparé pour Néron avait suffi à tous deux.

C'est ainsi que mourut Néron dans la trente-deuxième année de son âge, et le jour même où il avait fait autrefois périr Octavie. Cependant, ce trépas étrange et ignoré, ces funérailles accomplies par une femme, sans que le corps, ainsi que c'était la coutume, eût été exposé, laissèrent de grands doutes au peuple romain, le plus superstitieux de tous les peuples. Beaucoup dirent que l'empereur avait gagné le port d'Ostie, d'où un vaisseau l'avait transporté en Syrie, de sorte que l'on s'attendait à le voir reparaître de jour en jour; et, tandis qu'une main inconnue pendant quinze ans encore orna religieusement sa tombe des fleurs du printemps et de l'été, il y en eut qui, tantôt apportaient à la tribune aux harangues des images de Néron représenté en robe prétexte; tantôt qui venaient y lire des proclamations comme s'il vivait et comme s'il devait revenir puissant et armé pour le malheur de ses ennemis. Enfin, vingt ans après sa mort, et dans la jeunesse de Suétone qui raconte ce fait, un homme d'une condition obscure, qui se vantait d'être Néron, parut chez les Parthes, et fut longtemps soutenu par ce peuple qui avait particulièrement honoré la mémoire du dernier César. Ce n'est pas tout : ces traditions passèrent des païens aux chrétiens, et, appuyé sur quelques passages de saint Paul lui-même, saint Jérôme présenta Néron comme l'Ante-Christ, ou du moins comme son précurseur. Sulpice Sévère fait dire à saint Martin dans ses dialogues, qu'avant la fin du monde Néron et l'Ante-Christ doivent paraître, le premier dans l'Occident où il rétablira le culte des idoles; le second dans l'Orient où il relèvera le temple et la ville de Jérusalem pour y fixer le siége de son empire, jusqu'à ce qu'enfin l'Ante-Christ se fasse reconnaître pour le Messie, déclare la guerre à Néron et le fasse périr. Enfin, saint Augustin assure, dans sa *Cité de Dieu*, que, de son temps, c'est-à-dire au commencement du cinquième siècle, beaucoup encore ne voulaient pas croire que Néron fût mort, mais soutenant au contraire qu'il était plein de vie et de colère, caché dans un lieu inaccessible, et conservant toute sa vigueur et sa cruauté pour reparaître de nouveau quelque jour et remonter sur le trône de l'empire.

Aujourd'hui encore, parmi toute cette longue suite d'empereurs qui tour à tour sont venus ajouter un monument aux monumens de Rome, le plus populaire est Néron. Il y a encore la maison de Néron, les bains de Néron, la tour de Néron. A Bauli, un vigneron m'a montré sans hésiter la place où était située la villa de Néron. Au milieu du golfe de Baïa, mes matelots se sont arrêtés juste à l'endroit où s'était ouverte la trirème préparée par Néron, et, de retour à Rome, un paysan m'a conduit, en suivant la même voie Nomentane qu'avait suivie Néron dans sa fuite, droit à la Serpentara; et, dans quelques ruines éparses au milieu de cette magnifique plaine de Rome toute jonchée de ruines, m'a forcé de reconnaître la place de la villa où s'était poignardé l'empereur. Enfin, il n'y a pas jusqu'au voiturin que j'avais pris à Florence qui ne m'ait dit, dans son ignorante dévotion au souvenir du dernier César, en me montrant une ruine placée à droite de la Stora à Rome :
— Voici le tombeau de Néron.

Explique qui pourra maintenant l'oubli dans lequel sont tombés, aux mêmes lieux, les noms de Titus et de Marc-

FIN DE ACTE

www.ingramcontent.com/pod-product-compliance
Lightning Source LLC
LaVergne TN
LVHW022203080426
835511LV00008B/1538